精装版

张爱玲

在最深的红尘遇见你

朱悦然 著

时事出版社
北京

图书在版编目（CIP）数据

张爱玲：在最深的红尘遇见你 / 朱悦然著 . —北京：时事出版社，2018.3

ISBN 978-7-5195-0194-5

Ⅰ . ①张… Ⅱ . ①朱… Ⅲ . ①张爱玲（1920-1995）- 生平事迹 Ⅳ . ① K825.6

中国版本图书馆 CIP 数据核字（2018）第 031882 号

出 版 发 行：时事出版社
地　　　址：北京市海淀区万寿寺甲 2 号
邮　　　编：100081
发 行 热 线：（010）88547590　　88547591
读者服务部：（010）88547595
传　　　真：（010）88547592
电 子 邮 箱：shishichubanshe@sina.com
网　　　址：www.shishishe.com
印　　　刷：三河市华润印刷有限公司

开本：880 × 1230　1/32　印张：8　字数：192 千字
2018 年 3 月第 1 版　2018 年 3 月第 1 次印刷
定价：39.80 元
（如有印装质量问题，请与本社发行部联系调换）

前言

张爱玲生在一个动荡又浮华的时代，她对人生有深刻的观察和透彻的领悟，用敏感的心和残酷的文字书写了一个时代的传奇，也成为那个时代的传奇。当旧上海的繁华落下帷幕，她却成为一颗璀璨夺目的星，在中国新文学的上空傲然挺立，永不坠落。

她传奇一生，流言一世，洞穿了人间尘世沧桑，演绎了一场华丽人生。她冷静到冷漠，却内心似火，她用冷漠的眼与世人相对，灵魂却在寂寞的尘世中高亢地吟唱。

浮生若梦，华丽背后是不尽的苍凉和荒芜，她最传奇、最绚烂、最孤寂，也最真实。

她从海上来，她是民国的奇女子，与浮华尘世冷眼相对，不喜世间的繁华与喧嚣，却能洞穿人生悲苦，道尽尘世苍凉。她看得透世间，世间却看不透她。在爱情里，她可以低到尘埃，然后开出花来。她想要“执子之手，与子偕老”的盟约，只得一句“世事安稳，岁月静好”。她的爱情有过华美悲凉，也有过相濡以沫，她能爱到地老天荒、千疮百孔，却孤傲一世、孤老终生。

她说：“生命是一袭华美的袍，爬满了虱子。”她的生命真就如那一袭撞色的袍，绝美华丽，却千疮百孔。

读张爱玲，犹如读一段风花雪月的民国岁月，在锦瑟流年中细品芳华。本书从张爱玲灰色的童年，到与胡兰成的相恋，再到漂洋过海隐居国外，进行了抽丝般的剥离，每一个片段都如此的细腻，就像回到民国，回到老上海的弄堂，与记忆中的爱玲一起走进民国。翻开本书，与作者一同追寻天才奇女子的脚步，体味其一生的神秘与凄楚，剖析那个时代带给人们的隐痛。

在此，笔者特别说明一下，本书是《张爱玲：在最深的红尘遇见你》（时事出版社 2013 年 9 月出版）的精装版，因原书广受欢迎，不少读者建议提高图书的制作档次，因此特重新审校后精装出版，以满足不同读者的阅读、收藏需求。

目录

目录

目录

第一卷

灰色年华／那么温柔的时光，那些难忘的过往

「第一节」

繁华渐逝的家道

剪一段历史，放在月光下晾晒，看那些不曾走过的路，听那些似曾相识的故事。拾起心动，嗟叹流年。再挥手告别，让那些往昔的繁华和落寞，随昨日之风远去。

时代的记忆是不公平的，因为它用很多刻骨铭心的人生故事做底，仿佛这世上的一些事，都是在为一个人的传奇埋下深沉的伏笔。

张爱玲说："许多人的命运，连我在内的，有一种郁郁苍苍的身世之感。"人生无常，怪不得缘起。但血液里汩汩流淌的躁动，终归与古老的记忆脱离不了干系。

初秋，细雨微凉，一座民初式样的老洋房里添了女婴的声声啼哭，在家族层层叠叠的支脉下多了一个平淡的名字——张瑛。这个日后更名为"张爱玲"的女孩这样追忆她的童年："童年的一天一天，温暖而迟慢，正像老棉鞋里面，粉红绒里子上晒着的阳光。”

位于公共租界的这座老房子散发着迟暮的味道，就像是诉说着这个家族的命运。尽管家境还算殷实，但是命运抛物线的顶端早已成为过去。满清王朝的金色梦想已经落幕，剩下一些啃噬着记忆为生的人，守在老房子里，嗅着新的空气，遥想着曾经的显赫。

回忆固然美好，却也伴随着彻骨的惆怅和空虚。街上行走着装扮新潮怪异的洋人，人们从开始的瞠目结舌，到后来的争相效仿，只隔了几个弹指。时代翻开了新的篇章，旧事便剔去了骨肉，剩下简明精准的梗概。

时光的褶皱里，总是隐藏着许多无法言说的暗伤。也有一些遗憾，被生硬的笔载入史册，供后人作谈资。晚清名臣李鸿章与张佩纶的起起伏伏，便在后人的口沫之中保留着一丝余温。他们分别是张爱玲的曾外祖父和祖父。

张佩纶是个脾气怪异之人，因此被称为相府的“怪味姑爷”。在官场上，他不是低眉顺目的“应声虫”，而是凭着一股子倔脾气，仗义执言，弹劾了不少官员的花翎顶戴，虽然很多人对他恨之入骨，但他也因此博得了美名和尊重。

光绪十年（1884年），中法马江之战战败后，张佩纶逐渐仕途不济，至被朝廷发配后，一蹶不振。

幸运的是，李鸿章对他十分欣赏，不仅常常约他品酒论诗，还有意将自己的爱女许配给他。得知张佩纶的继室在发配期间过世后，李鸿章便暗示张佩纶来提亲。

李鸿章的女儿名唤菊耦，这位相门千金知书达理，且正值花样年华。府里人都愤愤不平，想那张佩纶年届四十，脾气怪异，相貌粗鄙，还是一个结过两次婚的罪臣，落魄失意，怎么讲也不与相府的小姐登对。但最后，菊耦自己应允了，因为“爹爹眼力必定不差”。

关于张佩纶与菊耦的结合，还流传着一段佳话，被曾朴写在《孽海花》里。

那日，日光温暖，微风徐徐，张佩纶应邀与李鸿章谈论政事。踏进房门，他却是一愣，面前竟伫立着一位绝色佳人，刚要回避，却听李鸿章喊道：“贤弟进来，不妨事，这是小女呀——你来见见张世兄。”

佳人脸上泛起了红晕，侧身道了万福，飞快地逃离了。那窘态透露了些许心事，铺垫了接下来的事态发展。张佩纶看见桌子上有一本锦面的书，翻一翻，恰巧翻到两首有关中法战争的七律，读过之后，心头不免一震。

第一首是：

基隆南望泪潸潸，闻道元戎匹马还；
一战岂容轻大计，四边从此失天关。
焚车我自宽房琯，乘障谁教使狄山；
宵旰甘泉犹望捷，群公何以慰龙颜。

第二首是：

痛哭陈辞动圣明，长孺长揖傲公卿；
论材宰相笼中物，杀贼书生纸上笔。
宣室不妨留贾席，越台何事请终缨；

豸冠寂寞犀渠尽，功罪千秋付史评。

落魄英雄怎抵得了这般体谅与理解的及时雨，心中的委屈和苦楚顿时翻腾了出来，一时间竟然红了眼眶。

李鸿章见状欣喜，说："不过是小女的涂鸦之作，她因为有些小聪明，眼光便高了些，老夫倒着实为难，还请贤弟替老夫留意留意。"张佩纶听懂了李鸿章的言外之意，不久便托人上门提亲，八抬大轿娶回了二十三岁的相门千金。

小说中的演绎，总是与现实隔着距离。关于《孽海花》中的这段描写，张爱玲曾向父亲求证，但父亲的结论浇灭了她雀跃的兴奋之情。"他只一味辟谣，说不可能在签押房撞见奶奶，那诗也是捏造的。"

与小说去较真，实在算不得什么聪明做法。不过毋庸置疑的是，在时代风云的浪尖上，李鸿章和张佩纶都留下过他们真实的身影。

末世权臣的命运总是多舛，他们被时代拉扯着，今朝天堂，明日地狱。《辛丑条约》签订后，李鸿章成了丧权辱国的罪人，他的名声一落千丈，不久后便撒手归西。张佩纶也一蹶不振，终日愁苦。

临死之前，张佩纶幽幽地说："死即埋我于此。余以战败罪人辱家声，无面目复入祖宗邱垄地。"落叶却不能归根，张佩纶的决定带有如此悲壮的意味，铺就了其家族的苍凉底色。

繁华落幕，张爱玲出生的时候，清王朝的大门已经关上了十年。守着祖辈们的遗产，老房子里的人们麻木地生活着，想要抓住已经气若游丝的浮华，又无能为力。

他们时而慵懒，时而恐慌，仿佛站在过去与未来的分界线上，不知所措。闲谈之时，口中常出现“我们的老太爷”或“相府老太太”这样的字眼，饱含着对过去的眷恋不舍。

像《红楼梦》中的贾府一样，家族大厦的坍塌只在一夕之间，曾经的显赫成为现在的嘲讽，更加深了生活的悲剧底色。到了张爱玲的父亲张廷重这里，祖辈们的辉煌戛然而止。家族的没落投射到了张爱玲的血液里，她就像是一朵开在废墟里的花朵，太过艳丽，更显悲凉。

唱不尽的浮世悲欢，道不完的风尘悲凉。读张爱玲的文字，就像是在阴冷的月光下听老人讲述往事。讲故事的人神色恍惚而绝望，听故事的人被传递到彻骨的寒，继而从血液里钻出一阵酸涩的噬咬。那字里行间散发出来的味道，像极了老房子里的阴冷和沉重。

追根溯源，很多老宅都有着灰暗的色调，像是暮光里飘散的鸦片烟雾，诉说着奢靡与沉沦。不论是《倾城之恋》中的白公馆，还是《金锁记》中的姜公馆，都有被历史车轮碾碎的痕迹，房子还是那个房子，但是灰蒙蒙地失去了光泽。

张爱玲从不炫耀自己的贵族身份，甚至一度刻意回避。对于她来说，那些不是荣耀，反而是不快的往事。不过在作品中，她却不免用了身边的素材，透露了不少家族隐情。

对于祖父张佩纶，张爱玲是十分崇敬的。尽管家人都觉得他与高贵又美丽的祖母并不般配，但是她曾在漫漫长夜里仔细读过祖父的日记，被那种才情和文字中透出的孤独所打动。

他们在时间的洪流中擦肩而过，没有面对面地交谈，但却通过文字架起了心灵对话的桥梁。她说：“我没赶上看见他们，所以跟他们的关系仅是属于彼此，一种沉默的无条件的支持。他们只静静地躺在我的血液里，等我死的时候再死一次。”

前尘忆梦，往事俱成风。踏着先人足迹向前走，已是悬崖峭壁。醉的人始终醉着，醒的人始终醒着。世间总无绝人之路，张爱玲用一生的挣扎与梦幻谱写了自己的传奇，也再次点亮了家族的历史，让曾经的故事生出了更加妖娆缠绕的枝枝蔓蔓。

人生的旅途只卖单程票，只能回望，却不能回到原点。生命渺小，在时光的沧海桑田中，一丝痕迹也不留下。但血液里的传承却像是生生不息的欲望，身世如前尘，嬉笑怒骂化为一串神秘密码，刻在基因里，扎根在这俗世的土地上。

「 第二节 」

那么美的童年

绿草芊芊，新月从容，细雨滴落在黛瓦青檐。光阴愈老，童年的记忆往往就愈清晰，生命的脚步向后转了一个弯，不可阻挡地往回奔跑。

那时的阳光劈头盖脸地砸下来，映得脸上的绒毛都清晰可见，还有呼啦啦惊起的麻雀，你追我赶中孩童的尖叫。每个片段都与后来的性格相关联，打开或者闭合了心扉，而后被雕刻在时间的洞穴里，隐秘而又蠢蠢欲动。

从摇篮到坟墓，不管用多少步子来丈量，都有难以磨灭的联系与情结。对于任何人来说，童年都是难以回避的。在孩子的眼里，世界是缤纷的、新奇的、明亮的。但也正因为阳光太明亮，如果这个世界里掺杂了忧伤、费解抑或斑驳，它们的影子便会被无限地拉长、加深，直到岁月深处。

张爱玲两岁时，随父母举家搬到了天津的老宅，那里是祖父张佩纶结婚时自己购置的。对于张爱玲和弟弟张子静来说，那段日子是幸福美好的。年幼的两姐弟，尚嗅不出那浮华背后的腐烂气味，也无法预知后来的悲欢离合。

潮湿的弄堂里，午后氤氲的阳光下，迎着窸窣的光线，荡起的秋千上飞扬着一抹桃红色的身影。多年后，这画面成为张爱玲记忆里最温暖的片段，承载着童年的梦。她喜欢秋千飞起的一瞬间，裙裾飘到了湛蓝的天空上，自己仿佛变成了会飞翔的精灵。

玩够了秋千，她会轻盈地跳下来，坐到板凳上喝一碗六一散，消除暑气。她喜欢那淡淡的中药味道缓缓滑入喉咙的感觉，整个人也清爽起来。

拿现在的话来说，人生最快乐的时光莫过于有闲又有钱。当时的张廷重夫妇只有二十六岁，正踩着青春的浪花，“不识愁滋味”地书写着自己的金色年华。这一家子人守着父辈留下的财产，只管铺张浪费，不会耗费心神去思考未来。百足之虫，死而不僵。人们看着老房子里进进出出的司机、佣人，流露出既羡慕又贬损的复杂眼神。

后来，张爱玲在小时候的记忆里搜寻出了这样一个片段：她用稚嫩的童音为一位老人背诵诗词，当说到“商女不知亡国恨，隔江犹唱后庭花”时，那老人瞬间泪流满面，泪水被拦截在皱纹的沟壑里。当时的她并不知晓那眼泪的缘由，她甚至还不懂得什么叫作“亡国恨”。日子与日子串联着，似乎并没有什么不同，他们与时间一起长大，忧伤被暂时性地阻隔了。在佣人们的簇拥下，一切都是慵懒而明媚的。

张爱玲与弟弟都有自己专属的佣人，一个叫何干，一个叫张干。大家都叫顺了嘴，已不晓得“干”字到底来源于哪里的方言。大户人家的孩子们都是在佣人的陪伴下长大的，与父母相比，更有一种格外的亲密。

父母的怀抱并不是随时敞开的，但是还好有何干。张爱玲总是攀着何干的脖子好奇地张望，从大人的高度去看世界。她喜欢拉扯何干脖颈上的松懈皮肤，有时脾气急了，也会抓她的脸，受伤的情况也是难免的，不过何干没有半句怨言。

无忧无虑的生活氛围下，有许许多多值得珍藏的欢乐记忆。小爱玲喜欢看一本谜语书，小声哼唱“小小狗，走一步，咬一口”，当得知谜底是剪刀的时候，乐得咯咯直笑。

她的另一处天堂在宅子天井的一个角落里。那里架着青石砧，一个清瘦的身影蘸着水在那上面挥洒写字，爱玲觉得别有一番魅力。她给这个人起了个外号叫作“毛物”，推理下去，毛物的两个弟弟就叫作“二毛物”“三毛物”，还有一位“毛娘”，指的是毛物的老婆。毛物讲的《三国演义》令她入迷，美丽的毛娘也耳濡目染，藏了一肚子好听的故事。

每天早上，爱玲会被佣人抱到母亲的铜床上，她躺在那温暖的方格子青锦被上，学习背诵唐诗。开始时母亲是不甚愉快的，总是玩着玩着才高兴起来，眼里慢慢流淌出笑意。那时，爱玲莫名地喜欢上一句诗，“桃枝桃叶作偏房”，虽然不明白是什么意思，但总是摇头晃脑地嘟囔着，长大以后才知道，那诗句并非儿童所能理解的。

如果生活一直按照这样的轨道运行，太阳、秋千、何干、毛物，该有多美好。虽然家族的鼎盛之花已经凋谢，但这一家人生活的习惯和步调仍是精致考究的，不免还是要讲讲排场，显显富贵。

张爱玲后来回忆道：“家里很热闹，时常有宴会，叫条子。我躲在帘子背后偷看，尤其注意同坐在一张沙发椅上的十六七岁的两姊妹，打着前刘海，穿着一样的玉色袄裤，雪白地偎倚着，像生在一起似的。”

有一段时间，爱玲每天晚上都会被带到起士林去看跳舞。在裙角飞扬的场合里，孩子的焦点却是不同的。她坐在桌子边，面前蛋糕上的白奶油高齐眉毛，她可以吃完一整块，然后在那微红的黄昏里渐渐打着盹，照例到三四点钟，趴在佣人背上回家。

一次，爱玲留意到，张干将一个生涩的柿子放在抽屉里，随后仿似忘记了它的存在。她每隔两天就会拉开抽屉看一看，然后观察张干的状态，但不知为何，就是不愿提醒或是发问。日子久了，那柿子腐烂为一摊水，证实了爱玲的猜测，却已成为不可挽回的定局。

童年时看似不经意的一段往事，却兀自应和着张爱玲一生的轨迹——她那样不经意地来到人世间，在灰色的布景里渐渐成长，长成一颗青涩的果实，而后离开家族的枝丫，被不知名的大手摘落进凡尘里。历经世间的滚滚洪流之后，因着那“奇异的自尊心”，她最终将自己幽闭在一方空荡而又狭小的空间里，是一相情愿也是被逼无奈。

然后呢？然后再没有人看顾她，让她兀自地红了，透了，熟了，而后又烂了，腐了。偶尔有人伸颈窥伺，也只不过是为了猜测一场宿命。然而那又如何呢？她最终还是成为不可挽回的定局，连她自己都兀自叹息。

然而不管怎样，那时的世界是轻柔而美丽的，偶有一些小小的坏情绪，也都是小事情，比如背书的苦恼。家里为姐弟俩请了私塾先生，无忧无虑的游戏时光因而被削减去了大半，枯燥的背书生涯让爱玲感到痛苦难安。

曾有一年的年初一，爱玲嘱咐何干，天亮就要叫她起床迎接新年，但佣人们担心小姐熬夜读书太辛苦，所以没有忍心叫醒她。醒来后，爱玲伤心地哭了，因为鞭炮已经放过了，她觉得“一切的繁华热闹已经成为过去，我没有份了”，于是“躺在床上哭了又哭，不肯起来，最后被拉了起来，坐在小藤椅上，人家替我穿上新鞋的时候，还是哭——即使穿上新鞋也赶不上了”。

说是童言无忌，然而小爱玲的话语却总是成谶——最终一切的繁华热闹成为过去，没有她的份，无论她曾经怎样努力地追赶，即使是穿上了新鞋追赶。没有用的。

小女孩的烦恼也有一部分来源于容貌漂亮的弟弟。不知是出于嫉妒，还是别的什么原因。每当爱玲听到家人们夸奖弟弟的大眼睛或者长睫毛，就有些气愤。在宅子的上上下下，男尊女卑的观念也会不时露出马脚，小爱玲对此常常报以一声冷笑和高傲扬起的小脑袋。

弟弟的确长得很秀气，爱玲后来在文章中有这样的记载：“从小我们家里谁都惋惜着，因为那样的小嘴、大眼睛与长睫毛，生在男孩子脸上，真是白糟蹋了。”因为这种微妙的比较，爱玲身边的何干也似乎低人一等，处处让着弟弟身边的张干。

爱玲气不过去，有时会忍不住帮着何干争论，但换来的是张干恶狠狠的气话：“你这个脾气，将来要嫁给谁去？恐怕会嫁得远远的，弟弟也不要你回来！”每当爱玲表示不服的时候，张干还会指出爱玲抓筷子的位置，来再次论证自己的观点：“筷子抓得近，嫁得远。”小爱玲听了，连忙将手指的位置换到筷子的尾端，但是狡猾的张干会立刻改口：“抓得远当然也代表嫁得远。”于是，憋得满脸通红的小女孩总是瞪圆了眼睛，秀才遇到兵，有理也说不清了。

其实，弟弟的童年也并非没有烦恼。跟爱玲比起来，他身体比较虚弱，又不会读书，也吃了不少苦头。因为嫉妒姐姐画的图画，他有时会偷偷毁掉几幅，或是画上几道黑杠子。因为身体虚弱，大人们在他的糖里面掺了黄连汁，用浓浓的苦来浇灭孩子的期待。他仍然馋，哭得十分伤心，家人又把他的拳头涂上黄连汁，只为了让这个可怜的男孩断念。后来，爱玲回忆起小时候的种种，也叹息着说：“我能够想象他心理上感受的压迫。”

不过，在爱玲八岁之前，所有的烦恼都是美丽童话中的小插曲，生活的主色调仍是温暖的。在毛物为他们构造的虚拟世界里，两姐弟用最活跃的想象力丰富着童年的记忆。小爱玲会把他们设想为能征善战的两位勇士，她叫月红，手持宝剑，弟弟叫杏红，武器是两只铜锤。

构成故事的还有一些虚拟人物，故事的背景发生在“金家庄”，时间是在黄昏时分。随着“叮叮咚咚”的切菜声，金大妈先粉墨登场。接着，众人狼吞虎咽地吃过晚餐，便提上武器去攻打敌人。翻山越岭的过程中，总有人先英勇地杀败两只老虎，夺过两枚老虎蛋，将那老虎蛋切开来，竟与煮鸡蛋一模一样。

尽管小爱玲对自己编故事的能力沾沾自喜，但弟弟却不总是捧场，常常放弃配合，搞得张爱玲很是气恼。弟弟有时候也小试牛刀，但编来编去，就是一个路人被老虎追赶着，拼命地跑，又拼命地追……没等他进入正题，爱玲就笑得直不起腰来，有时爱怜地在他的小腮帮上印上一个吻。

童年的美丽时光串联成欢快的儿歌，跃动在旧日的阳光下。这是爱玲与寻常女孩一样拥有的金色回忆，她也曾在年不经事的时候，与这世界进行过最直接的交谈。

若干年后，人们追溯这个女孩迥异于常人的性格源头，发现父母亲的家庭角色有着深刻的影响，而那段热粥一样温暖缠绵的岁月，就成了小爱玲生命中最纯粹、最闪亮的珍贵往事。

「第三节」

最苦的别离

在孩子的纯白视野中，“破碎”是一个难以承受的沉重词语。他们刚刚学会一些无比美丽的概念，比如“爱”，比如“温暖”，比如“美丽”，还来不及读懂它们如何变幻莫测，也无暇体会世间的矛盾和复杂。

站在民国的星空下，伴随着故事前进的脚步，“失去”的出境频率已然越来越多。如果说，在时空的某一个点上，人们才能真正地找到自己。那么八岁那一年的复得与再失去，应该是爱玲毕生难忘的悲伤回忆。

离别发生在更早些的时候。那一年，爱玲四岁，母亲离开了家，远赴大洋彼岸的另一个国家。当时，爱玲还不懂得什么叫作悲欢离合，所以竟然能木然面对这一切。对那时的她来说，母亲是个若有若无的名词，走了也便走了，不觉得是天大的事情。

父母亲之间的爱与恨，她还不懂得。

在张爱玲的家族谱系中，张廷重不是一个重要的名字。不难想象，倘若如果没有李鸿章，没有张佩纶，没有张爱玲，或许这个名字根本就不会被后人记得。如同历史中的每一颗尘埃那样，他会悄无声息地存在，再悄无声息地消逝。

张廷重七岁没有了父亲，年纪轻轻就寡居的母亲望子成龙，将儿子视为自己的精神支柱，曾经试着要把丈夫未曾实现的志向交予儿子。

张廷重能够体会母亲的用心良苦，他在严厉的家规中长大，埋头苦读的日子远远多于自由玩耍，挨打、罚跪的事情常常发生。后来，张廷重继承了家族的殷实家产，成为自己生活的主宰者，但成长过程中那种巨大的压力就像挥之不去的阴影，始终堵在他的心头。

1905 年，科举制被废除，张廷重更加迷失了方向，不知该如何前行。光大门楣的重任，他一生也未能如愿完成。

在时代转换的夹缝中，张廷重的命运显得有些尴尬。没有做生意的魄力和头脑，也没有从政的机会和运气，他只能靠着老祖宗的积蓄，闲闲散散地过一生，表面看来很神气，其实心里满满的都是自卑与窝囊。

爱玲恍惚记得，小时候父亲常常独自在书房内吟咏，拖着长腔，一边大声背诵，一边在屋子里踱来踱去，孤单的影子映在窗纸上，有种扭曲的怪异感。她想不明白父亲在做什么，就狐疑地走掉了。事实上，这举动确实有些悲伤、有些空洞。

年少时的经历可以造就人的性格。在压抑之下，张廷重注定不会成为一个乐观爽朗的男人，也不具备温柔平和的品质。他的心始终纠结着，永不通透。

小时候，李菊耦生怕儿子张廷重学坏，所以从不放他自由玩耍，还给他穿过时的艳俗衣服，身上总是花花绿绿的颜色，连鞋子也是绣花的。男孩子也是有自尊心的，他为仆人和邻居们怪异的眼神而感到难过，但又无奈拗不过母亲，只好把正常的鞋子塞在袖子里，出门后再悄悄换上。

李菊耦并非看不见儿子的尴尬，但她坚持认为自己的管束是英明的。或许是出于安全感的缺失，她宁愿儿子衣着怪异，举止腼腆扭捏，被人笑话，也不愿意他光鲜亮丽地与纨绔子弟们鬼混，万一染上什么可耻的恶习，那么整个家族的脸面也就无处可放了。

有趣的是，李菊耦对女儿张茂渊倒是开明得很，允许她穿男装，学习西方的很多先进文化，特异独行，连家里的仆人也都习惯将小姐称为“少爷”。

爱玲的母亲黄素琼是个美丽的女人，出身官宦名门，身材高挑匀称，举手投足流露着贵气。她的五官轮廓有些像外国人，精致又大气。更难能可贵的是，这位官小姐绝不是只懂得绣花赏鱼的深闺女子，她受到开明民主思潮的影响，脑子里装满了新鲜的想法，对西式文化很是推崇。

在这位少女的期待之中，她应该携手一位志同道合的伴侣，一同探讨最潮流的外来文化，建造一种完全不同于祖辈们的新生活。只是，现实击败了想象，一场被冠以“门当户对”的婚姻让她彻底地尝到了失望的滋味。显然，这个叫张廷重的男人，并不符合她少女之心的美妙想象。过度膨胀的气球歪歪扭扭地升上天空，最后又如断了线的风筝，摇摇晃晃地跌落下来。

她愿体会爱情的喜悦与痛苦，生活的曲折与美好，让别样的青春碰撞出火花，让年轻的汗水尽情挥洒在一片多情的田野里。她想为邂逅之人开出柔情，为亲密之人开出温暖，为深爱之人开出旖旎，对于这样一个内心充满了理想主义愿景的女性来说，旧式婚姻的枷锁无疑使她痛苦不堪，生活不再如想象般多彩。

她渴望成长，渴望蜕变，她也曾有过妥协与幻想，或许这个男人会被自己所感染，会和她共同创造另一番天地。他们是外人眼中的金童玉女，一个是御史少爷，一个是黄军门的小姐，不妨多做些努力，将这童话故事演绎到底。

日子一天天过去，张廷重始终成不了新派少年，谱写不出惊天地泣鬼神的伟大生活脚本。在黄素琼眼里，他越来越像一个满身恶习的遗少。节奏不同，脚步凌乱，他们始终站在彼此的对岸，隔海相望，却写不出一段美丽的故事。

当生活断送了梦想，黄素琼感受到了无所不在的失意。她尝试过抵抗，也尝试过劝服，但都无济于事。开始时，她灰心时便往娘家跑几趟，但是婆家的面子总是要照顾到，走的时候避人耳目。搬到天津之后，张廷重开始沉迷于抽大烟、赌博、嫖妓，交上了一大群不务正业的酒肉朋友。黄素琼终于清醒地意识到，自己一相情愿的梦境，到了该画上句号的时候了。

李菊耦的担心终究还是成为现实。黄素琼彻底心死，也索性不再期盼，不再抗争，而是把时间用在自己身上，不论是弹钢琴，还是学英语、设计衣服，总还是有些乐趣的。

在这个宅子里，最理解黄素琼的人就是小姑子张茂渊，这两个爱好和个性都极其相近的女人，倒是嗅到了同类的味道，成为如胶似漆的好姐妹。

1924年，张茂渊要出国留学，黄素琼牢牢抓住了这个逃离婚姻枷锁的机会，也随小姑子一道而去。尽管这件事情遭到家里人的一致反对，但是无奈姑嫂一条心，两人都坚定地表示绝不妥协，最后毅然决然地登上了远离的飞机。

作为两个孩子的母亲，黄素琼的做法被人们看作是不可思议的“异类”。但她主意已定，任谁也无法更改。年华已不再青涩，如果现时生活与爱无关，那么不妨换一片天空，寻找一个诗意的世界，给灵魂一个狂欢的机会。

现实的天地太小，容不下蓄势待发的春色年华，如果曾经是一场错误，那么就让它随风消散吧。与这世界间的误解，就像是情人间的争吵那样寻常，就当一切是梦，醒后拒绝留恋，踏上另一段征程。

或许，并非没有过挣扎与痛苦。爱玲还记得母亲临走的那天，她伏在床上痛哭，衣服上美丽的绿色亮片颤抖着。佣人们连连催促了几次，时候已经到了，但她仍然专心哭泣着，仿佛什么也没有听见。后来，爱玲轻轻地摇了摇母亲：“婶婶，时候不早了。”（张爱玲名义上过继给伯父）她还是哭，仿佛耳朵已经与这个世界隔离了。

面对母亲的眼泪，爱玲不能懂，也不知所措。她不晓得，那是留恋，是犹豫，还是心痛的告别。母亲终究还是走了，她为自己更名为黄逸梵，成为中国最早一批的“娜拉”。

年幼时，所有的孩子都不能够读懂父辈的故事。她眼中的生活就是毛物的故事、高高扬起的秋千、何干颈上的松软皮肤。当时间流逝，前尘往事沉淀成预言诗，她再次捧读时，不免多了些难言的感慨。

每一个城市，每一个角落，每天都会有很多心灵流离失所的人们，生活不会主动献上慰藉，人们只好自己寻求心安。有时，独立的世界相互交融，碰撞出或好或坏的情节，那是生活的一片碎片，既偶然，也寻常。

「 第四节 」

在颓败中凋零

大自然中花花草草随处可见，各有各的摇曳风姿。所以，男人久不见莲花，便自然会用牡丹取而代之。

黄逸梵远赴西洋之后不久，宅子里就搬进来了一位姨奶奶。严格说来，这位姨奶奶不算什么“新欢”，早在“正宫娘娘”出国前便与张廷重缠绵到了一起，这其实也是黄逸梵出走的一个重要原因。多年以后，爱玲重新追溯起来，觉得母亲离别时的眼泪或许多半也是为了感情的破碎。

这位姨奶奶是位烟花女子，被唤作“老八”，年纪比张廷重还大个几岁。她之前住在一座小公馆里，爱玲还被父亲领去过几次。之所以记得这样清晰，是因为爱玲每次都不愿意去，使劲扒着门框，双脚乱踢，父亲气得急了，便抱过来装模作样地打几下。但爱玲去过之后，又十分感兴趣，那边总是举行有趣的聚会，还有形形色色的小玩意儿。

母亲前脚刚走，这位姨太太便大张旗鼓地住进了张家。人们兴致勃勃地议论了一阵子，包括她的身世，她苍白的脸，还有长垂的刘海。但一段时间过后，也就渐渐习惯了新人的存在。

姨奶奶不喜欢爱玲的弟弟张子静，虽然这个漂亮的男孩子并不难相处，但是她总觉得别扭，好像如果张子静成为家里的继承人，那她就算不上什么女主人了。不过，她倒是对爱玲不错，常常领着她出去看跳舞，或是在家里举办宴会，满足了小女孩的好奇心。

姨奶奶刻意讨好爱玲的方式有很多，但目的又是昭然若揭。比如给爱玲做了十分时髦的新衣服之后，会捎带上一句："你看我对你多好。你母亲以前总是拿旧布料给你裁衣服，哪里舍得用整幅的丝绒，你喜欢我还是你的母亲？"爱玲的回答显得很谄媚："喜欢你。"长大懂事之后，爱玲曾为这样的回答感到十分羞耻，但是一个年幼的孩子，哪里分辨得出什么叫讨好，什么叫真心呢？

好景不长，这位姨奶奶并没有保住家里的地位，脾气暴躁的她也渐渐与张廷重有了争吵。爱玲曾经见识过她的心狠手辣，她的侄儿就因为不会背书而常常被打得脸庞青肿。

一次，姨奶奶再次与张廷重争吵起来，情急之下，举起手边的痰盂掷了出去，砸得张廷重头破血流。族人都看不下去了，纷纷站出来说话，合力将这个可恨又可怜的女人逐了出去。或许她从来就未曾拥有过真爱，露水姻缘，聚聚散散都无关痛痒，生活还是要继续下去。后来，爱玲在文章中回忆那场景说："我坐在楼上的窗台上，看见大门里缓缓出来两辆车，都是她带走的银器家生。仆人们都说：

‘这下子可好了’。”

姨奶奶走后不久，张廷重也“走路”了——他在津浦铁路局的英文秘书职位被撤销了。这本是份不错的闲差，还是家里人托堂房兄长张志潭推荐而来的。但沉迷于嫖妓、吸毒，还与姨奶奶打架的张廷重名声搞得太臭，以至于连张志潭的声誉也受到了波及，被免去交通部总长之职。张廷重不仅毁了自己，还连累了兄长，只能无奈退出。

这件事让张廷重觉得颜面尽失。他因此也彻底地反省了一番，之后痛下决心，想要将生活驶回原来的轨道上，一家四口和和美美地过日子。于是，他写信给妻子，请求她回国，并保证一定会戒毒，一家人搬回上海居住，开始新的人生。

1928 年，张爱玲随父亲回到了上海。爱玲清楚地记得那天的状况，他们乘船经过大海，在翻腾的海浪里，她感受到了由衷的兴奋与开心。躺在船舱里，她翻着读过无数次的《西游记》，讶异那里面竟然总是高山和尘沙，却看不见水。下船之后，她坐在马车上，粉红色的纱裤上印着栩栩如生的蓝蝴蝶，像是她就要飞起来的心情。

母亲回国之前，爱玲一家人住在成定路的一栋石库门房子里，论居住条件，其实没有天津宅子的阔气，但爱玲在那朱红色的墙壁上，接收到了快乐的信号。

母亲回来的那天，爱玲的心情是兴奋而雀跃的，她吵嚷着要穿上最俏皮的小红袄，可是黄逸梵看见女儿的第一句话就说：“怎么给她穿这样小的衣服？”爱玲愣了一秒，接着又开心起来。不久母亲就给爱玲做了款式新潮的漂亮衣服。

故事似乎重新开始了，一家人从石库门又搬到了一座美丽的花园洋房，父亲在母亲的安排下去医院戒毒，发誓要重新活过。爱玲觉得，生活好像经历了一个急转弯，但又回到了原来的轨道上，甚至风景比原来还更加美好了。在小女孩的眼里，母亲穿着国外最时兴的洋装，化着最时尚的妆容，谈论着最有趣的话题，一切都是那么新奇。周末时，她看着母亲和一位胖伯母并肩坐在钢琴前面，模仿电影里的桥段，她觉得有趣极了，于是放肆地大笑，在狼皮褥子上滚来滚去。

那段时光中，快乐将日子装得满满的，爱玲脸上的笑容从未打过折扣。她为这种满足感深深地陶醉着，甚至将一切美好的事情写信描绘给天津的好友，还画了图样。这种炫耀有些幼稚而讨厌，但她一定要这样做。她美丽的妈妈，她温馨的房子，多姿多彩的休闲时光，一切的一切，她都迫不及待希望与人分享。

“家里的一切我都认为是美的巅峰。蓝椅套配着旧的玫瑰红地毯，其实是不甚谐调的，然而我喜欢它，连带的也喜欢英国了，因为‘英格兰’三个字使我想起蓝天下的小红房子，而法兰西是微雨的青色，像浴室的磁砖，沾着生发油的香。母亲告诉我英国是常常下雨的，法国是晴朗的，可是我没法矫正我最初的印象。”

爱玲与弟弟一起坐在地毯上看母亲弹琴唱歌，就像看着一位偶像，偶尔还会互相对视，调皮地眨眨眼，一幅幅和谐的画面完美到了极点。母亲黄逸梵对艺术颇有些感悟和造诣，她也试图将一些艺术的理念灌输给女儿，比如绘画的背景最忌讳红色。她将一种特殊的洋式淑女风情带到这个家庭中，并改变和影响着自己的孩子。

一次，爱玲见到书中夹着的一朵干花，听母亲说出花朵的故事，不禁悲从中来，落下了眼泪。母亲见了很欣赏，她对儿子说：“你看，姐姐不是为了吃不到糖哭的。”在艺术的领域内，文学也是母女俩的共通处之一。《小说月报》刊登了老舍的《二马》，母亲连坐在抽水马桶上也看，边看边笑边读出声来，爱玲也似懂非懂地倚在门框旁边笑。后来，爱玲长大，读了老舍的很多文学作品，但始终还是觉得《二马》要胜过其他作品，或许是字里行间释放的气味，让她不由自主想到那个温暖的场景，进入了神秘的时光隧道。

好景不长，幸福的时光并没有持续下去，在维系了一段虚假的繁荣之后，便轰然倒塌，原形毕露。父亲从医院出来之后，并没有守住自己的承诺。他担心妻子会再次离开他，于是想出一个拙劣的办法——花光妻子的钱，让她无退路可走。

本就不会忍气吞声的黄逸梵，在国外经历过四年的理念熏陶之后，更加不会轻易妥协，于是矛盾渐渐浮出水面。在儿女的教育理念方面，夫妻二人也存在巨大的矛盾。黄逸梵认为新式学校的集体教育才是健康的，但张廷重却强烈地表示反对。追根结底，他是因为舍不得在女儿身上投入过多的金钱，读些没有用处的书，却占用了他花天酒地的银子，哪里能够想得通呢？

最终，黄逸梵不顾丈夫的反对，毅然将爱玲送入美国教会办的黄氏小学做插班生。张廷重十分不理解，百般阻挠，但是无济于事。同时，他的毒瘾终究还是没有戒掉，很快就旧病重犯，终日吞云吐雾起来。

黄逸梵尽力解决了女儿的教育问题，却对儿子无能为力起来了，一个人的力量总是微弱的，她想，丈夫虽然对女人抱有旧式的想法，但总不能不让儿子接受教育吧。不料，这一拖下来，张子静始终窝在家里读四书五经，一直读到“书经”背完，才进了学校。爱玲曾亲耳听见父亲吸着大烟说："连弄堂小学都苛捐杂税的，买手工纸那么贵。"

上海洋房里的美丽童话彻底落幕了。他们的争吵频率越来越高，有时姐弟俩在院子里玩着玩着，就听见屋子里面有激烈的争论，还有摔东西的声响和母亲的哭泣声。吓慌了的仆人会把他们拉到一边，两人不做声响地继续骑着脚踏车，但是心里却慌乱起来，他们预感到，幸福恐怕就要渐渐流逝，一去不复返了。

回国的时候，黄逸梵是怀揣着希望的，她也想拯救爱情，回归家庭的温暖。丈夫承诺过，不再吸食鸦片，也不再养姨奶奶。但是他却没有做到，彻底破戒了。黄逸梵已经不是天真的少女，她认识到，这个男人不会悔改，他们之间的感情已经无法挽回。

当黄逸梵请来了国外的律师时，张廷重手足无措，满屋子踱起步来。他并不想离婚，但又自知食言，犹豫了好几次，每次提起笔来，都难以签下名字，只得长叹一声掷在桌上。律师见此情形，便问黄逸梵是否改变心意。黄逸梵坚定地回答："我的心已经像一块木头。"

张廷重听了这句话，才终于在协议上签了名字，就此宣告一段关系的彻底结束。黄逸梵后来谈到了自己的婚姻，她憎恨它，认为这桩门第之姻葬送了自己的青春与爱情。

爱情总是随随便便就可以开花，但是并不轻易结出果实。当标榜着辉煌荣耀的青春渐渐老去，许多无处安放的梦想，许多真情流露的年华，就那样遗憾地流逝。恨与怨都无济于事，只得背上千疮百孔的往事，继续前行。

「 第五节 」

一半光明，一半黑暗

岁月有时让人辨不清，究竟是否爱过。在最青春的时光里，与一个人走过若干年，那个人就是整个青春里甜蜜酸涩的心情，不论他是否与梦中的情人轮廓吻合。与往事告别之后，或许不会再有绵延的悲伤，但记忆的某一处，却始终多了一块被挖空的空白。

家庭的破碎没有给爱玲带来伤心绝望，她平静地接受了一切，仿佛那一切都是十分自然的。那段短暂的幸福时光被她默默封存在记忆深处，镶上了琥珀的花边，成为被心灵珍藏的纪念品。

只是一个转身的光景，在一个女孩的眼睛里，自己的家被切成了两半，父亲的一半是黑暗，母亲的一半是光明。同时，这也像是一场仪式，从此宣告了天真童年的落幕。黄逸梵对爱玲仍是十分牵挂的，她与丈夫协议离婚，爱玲和弟弟虽然都归父亲抚养，但是爱玲今后要读什么学校，必须先经过她同意，学费由父亲承担。

很快，母亲和姑姑便一同搬到了郝德路公寓，两个不甘平庸、热爱生活的女人将住处装扮得十分美丽。爱玲每次去母亲那里，都感到骄傲和着迷。

房间里的装饰大多是欧式风格，颜色轻柔，透着高贵典雅的贵族气质。爱玲爱极了那些生在地上的瓷砖、浴盆和煤气炉子，还有机会见到很多有趣的人们，在那所房子里，无论精神还是物质，都让她感到满足。反而是回了父亲的那个家，她会觉得空气中都是漂浮的碎裂的尘埃，还有令人窒息的鸦片云雾、屋里胡乱摊着的小报、迂腐地教弟弟做《汉高祖论》的老先生、亲戚间无聊的笑谈……

在父母的婚姻宣告结束那一刻，爱玲的世界便被生生撕裂为两半，她将一半定位为善良、美好、快乐，一半定位为邪恶、黑暗、悲伤。这两种生活交织在一起，形成了强烈的对撞，让她的性格养成存在于一种拉锯战之中。

俗话说，可恨之人必有可怜之处。张廷重的碌碌无为和满身恶习，也未尝不是一种时代的产物。他年少丧父，被母亲以扭曲的方式对待，时逢社会变革失去光耀门楣的机会，又无奈天资愚钝不能从商。

他不是什么恶徒，只是一个可悲又可怜的遗少，青春的阴影和时代的悲剧相互重叠。如果他娶了一位安分隐忍的女人做妻子，或许就会稳定地维系一段婚姻，没有生出来的枝节。无奈的是，黄逸梵超凡脱俗，敢爱敢恨，这样的女人让他又敬又爱又无力，最后难以掌控，落得个劳燕分飞的下场。

因为这种绝望的爱，离婚给张廷重的打击很大，鸦片已经不足以安抚他破碎的心，他开始打吗啡，还雇用了一位专门为他装烟和打针的男仆。日子就这样颓败下来，散发着行将死去的气息，伤口已经结了痂，但他知道自己正在慢慢地走向腐烂。因为过量注射吗啡，张廷重的身体越来越衰弱。在一个下着雨的夏天，他一个人坐在阳台上，头上搭了一块湿毛巾，双眼无神，嘴里胡乱叨念着，没有逻辑，谁也听不清楚。

慌乱的众人连忙将爱玲的姑姑找了回来，为他请了一位法国医生来治疗。医生为他清洗体内的吗啡毒素，又结合电疗按摩手足，治疗了约有三个月的光景，张廷重才渐渐好起来。从此以后，他不再敢注射吗啡，但鸦片还是难以释手。

在当时的年代，一个离了婚的女人想保留生活的品质以及自尊、坚固的社会评价和经济独立，并不是一件容易做到的事情。独立勇敢如黄逸梵，也仍是步步难行。她感受着女儿期盼和崇拜的目光，但又总是没有能力为她多做些什么，不由得感到内疚。

不久，黄逸梵又要动身去法国了。临别时，爱玲与她在学校的门口道别。两个故作坚强的女人，把悲伤压在心底，藏在眼底，用最轻松的方式告别。只看那场景，仿似两人心里都是高兴的，没有任何牵挂的。只是当母亲的背影已走远，眼泪便如脱缰野马般奔涌而出。

母亲走了，生活中的那一部分暖色仿佛消失了，日子开始充斥着腐烂的味道，生活的品质是粗糙的。她不知道，还应该要到哪里去寻找精致和优雅。

光阴缓缓流逝，爱玲在黄氏小学读书并住校，每逢周末会被仆人接回家。闲暇时，她和弟弟喜欢去舅舅家，虽然舅舅、舅妈与父亲一样有吸食鸦片的习惯，但是她还蛮喜欢与表哥、表姐一起做手工，不论是剪纸，还是绘制卡片，爱玲总是做得格外认真，因为她要把它们寄给最爱的母亲。

那时爱玲还在学习钢琴，有一位白俄的老师为她上课，每次来到老师家里，都是老师的丈夫来开门，出于一种小女孩的莫名矜持，她从来不敢抬起头来对上那个外国男人的脸，以至于根本不知道那人长成什么模样，只是模糊地看见惨白的皮肤。

在老师为她示范演奏的时候，她常常会留意到那白皙皮肤上的金色绒毛。白俄老师很喜欢夸奖爱玲，夸张的语言和动作让爱玲有些不知所措，有些欣喜，又有些害羞。当老师咸湿的口水沾到她的脸颊时，她总是会礼貌地微笑，却悄悄记得被吻的位置，用手绢悄悄地擦掉。

爱玲喜欢钢琴，那不仅承载了她的梦想，还带着母亲的味道和记忆。她记得那修长的手指曾经在上面轻盈地跳跃，也想象着自己的未来会像那欢快、活泼的旋律一样充满清澈纯净的生命和希望。她爱那洁白的琴键，不允许没有洗过的手碰上去，仿佛害怕玷污了它，并每天用一块鹦哥绿的绒布去擦拭。

不过，母亲走后，学习钢琴的路也多了很多艰辛和苦涩，每逢要交学费的时候，父亲的脸就像是一面冰冷的墙壁。爱玲记得那种难堪，但是别无他法，只得追着要。父亲总是能拖便拖，一脸的不情愿。终于有一次，她立在烟铺前，久久也得不到回答，从此钢琴的梦想变成了空虚的泡影。钢琴悦耳的叮叮咚咚声，只能存在于梦境中，那个美得不真实的梦里，有微笑的母亲，有温暖，有蓝色、红色的墙壁，有欢声笑语……

在生活众多的小插曲中，也是有快乐的。一次，父亲为张子静请了一位讲授古文的先生。爱玲很喜欢与那位先生谈天，因为他性子温和，笑起来很亲切。她甚至任性地从父亲那里偷出一本《海上花列传》，缠着先生用苏州话为她读妓女们的对白。先生一脸无奈地配合，捏着嗓子模仿得惟妙惟肖，让爱玲和弟弟听了大笑个不停。

很快，爱玲从黄氏小学毕业了，进入了著名的圣玛利亚女校。这所学校有着五十年的历史，是与圣约翰青年学校、桃坞中学同为美国圣公会设立的大学预科性质的学校。可以说，进入圣玛利亚就意味着，有一只脚迈入了英美名牌大学的校门。

当瘦小的张爱玲走入那红色铁皮校门的一刻，她感到，童年的故事就这样画上了句点。她的童年也有丰富的层次，许许多多的回忆，但是回味到最后，总是幻化为母亲离去的背影，和家里无所不在的鸦片气味。

假如过去的一切都是被动而无法选择的，此时她开始有了对自己未来的设想："我要比林语堂还出风头，我要穿最别致的衣服，周游世界，在上海自己有房子，过一种干脆利落的生活。"除此之外，她还想学卡通画片，想去英国深造，总之，这就是黄逸梵式的梦想，她就是想踏着母亲的足迹，过精致而有韵味的生活。

关于父母离婚对孩子生活带来的影响，张爱玲曾洒脱地说道："我自己就是离婚的人的小孩，我可以告诉你，我小时候并不比其他的小孩特别的不快乐。而且你即使样样都顾虑到小孩的快乐，他长大的时候或许也有许多别的缘故使他不快乐的。"

可是，她并没有意识到，童年的阴影其实永远在不经意的时候显现，人们总会因为一些场景、一些事想起童年，想起那个无能为力的自己，想起那个处处小心却内心倔犟的自己。它是永不磨灭的印记，深深烙印在灵魂的最深处。

仿佛只是一个不留神，那个坐在秋千架上飘来荡去的小丫头就成长为青葱少女。时间的牧人无情地将孩子们从童年的范围内驱赶出来，逼着他们面对世界，面对磨难，面对爱恨，面对自己。

第二卷

斑驳青春／在喧嚣中静默，在沉寂中狂奔

「 第一节 」

娇艳的初放

窗外的一排白玉兰，花开花落，一岁一枯，年年拔高。走在成长路上的女子，怀揣着对未来的无尽想象，期盼着世界越来越向光亮的方向走去。就像放飞了一大捧五彩斑斓的气球，她仰望天空，仿佛灵魂也随之渐行渐远。

在圣玛利亚女校的绿树红墙之内，爱玲开始了她的青春之旅。她喜欢校园的气味，那种感觉说不清也道不明，但是却透着一股子神秘的吸引力。在圣玛利亚女校，学生的校服就是中国旗袍。一群时尚新潮的女生，拥有着最青春的脸庞和身体，在旗袍的帮衬下娇羞地绽放着，彰显着东方少女的独特神韵。

这是一所贵族学校，以培养有中国特色的西洋淑女为目标。毕业生大多会成为政治、商业领域重要人物的太太，或是各种交际场合的明星，或是出国进行深造的资优学生。在圣玛利亚，许多课程都是用英文教授，教师以外国人居多，以至于学生们往往讲得一口流利的外语，中文能力却捉襟见肘。比如会有人荒谬地将请假条写成："某某某因病故请假一天。"让人哭笑不得。

学校也设立中文科目，初中部大多聘请师范学校毕业的女教师，高中部则多为前清科举出身的老学究。老学究们经常会将作文题目定为"说立志"或者"论知耻"之类。

一位老先生在授课时摇头晃脑地讲道："做文章，开头一定要好，起头起得好，方才能够抓住读者的注意力。结尾一定也要好，收得好，方才有回味。"学生们似懂非懂地点点头，这时，老先生又开口讲道："中间一定也要好……"话音还没有落下，学生们已经哄堂大笑。

爱玲平日里在学校住宿，她乐于离开那个烟雾燎绕的家，呼吸自由的空气。因为天资聪颖，她的学习成绩非常好，但是也有个十分突出的毛病，就是健忘。张爱玲的健忘在学校里是出了名的，有时忘记将鞋子摆在柜子里面，有时也会忘记交作业，以至于她最常见的台词就是"我忘了"。若干年后，爱玲的同学们回忆起来，还会惟妙惟肖地模仿起她当时的动作和神情。

尽管爱玲的家世也不错，不过在一所欧式的贵族学校里，她显然就是其中的灰姑娘。在花枝招展的同伴面前，她觉得自己是暗淡的，没有光彩的。为此，她的脸上总挂着一种与年纪并不相符的伤感与落寞，仿佛自己被隔绝于尘世之外，以另外一种频率生活着。

好在，爱玲在这时遇到了一位十分喜欢的国文老师。这位汪宏声先生为人善良、平和，并且教法十分新颖。与老学究式的八股理念不同，汪先生就任以后，将课程大幅度整改，并在图书馆为学生们添购了许多新书，鼓励大家加强课外阅读，并提供机会让学生们去发表自己的作品。

爱玲记得，在第一堂作文课上，汪宏声先生在黑板上潇洒地写下了两个标题："学艺叙""幕前人语"。所谓"学艺叙"，就是让学生们把在学习绘画、钢琴或者舞蹈时的感受和趣事记录下来；而"幕前人语"，就是影评，写出对喜欢的电影的感想。任何体裁和任何写法都可以，学生们的思路将不受任何限制。

与"说立志"和"论知耻"这样的题目比起来，学生们无疑觉得现在的作文课充满了新鲜感，每个人都有自己与众不同的感受，不必再端着架子写些寡味的八股文章了，于是兴致勃勃地讨论起来。

当然，任何一种新颖的教法都存在一个适应和过渡的过程。在新鲜之余，学生们冥思苦想，一副绞尽脑汁的痛苦状，仿佛写惯了八股文章，失去了自我叙事的能力。下课时，作文本全部收了上来。在批阅的过程中，汪先生苦恼地发现，每个人都只写了大概二三百字，完全处于凑字的状态，没有什么思想可言。

不过，在众多作业之中，汪先生还是发现了一篇鹤立鸡群的文章，名为《看云》。行文自然不造作，但又流露出旖旎动人的味道，简直不像是出自一个初中生之手。

从此之后，汪先生便对这位有才华的女生格外注意起来。那瑰丽的文风，使他产生了浓浓的好奇，究竟这位"张爱玲"同学是何等样貌和气质呢？

在发回作业的那天，汪先生在讲台上点名，点到名字的同学到讲台上取分数。"张爱玲！"点到这个名字的时候，汪先生抬起了头。在教室的最后一排，一位面无表情的孤傲少女站了起来，她并不算漂亮，也不时尚，体态高瘦，但是浑身散发着一种别样的气场。

汪先生当着全班同学的面表扬了张爱玲，并将那篇《看云》当作范文现场读了一遍。他说："每一位同学都应该这样去写文章，情感要是真实的，不要总是被局限在过去的框框中，不敢逾越。像爱玲那样的作文，才称得上是文章。"

面对老师的夸奖，爱玲的神情是僵硬而不自然的。但不可否认，那时她是骄傲的，在所有人赞赏的目光中，她感受到一种成就感。从那以后，其他同学也受到启发，找到了真实抒发情感的新写法。

其实，早在汪先生夸奖爱玲之前，她已经在学校的《凤藻》年刊上发表过作品。包括短篇小说《不幸的她》，还有用英文撰写的两篇小品文《牧羊者素描》《心愿》。在《不幸的她》中，一个热爱自由的年轻女孩，为了追求独立而四处漂泊，爱玲表现出了超出年纪的成熟与早慧。

在另外一篇发表在《凤藻》上的散文《迟暮》中，她第一次描写了母亲，一个十二岁的女孩，已经不再只关注到母亲偶像般的美丽与光环，她敏锐地观察到了母亲独立、美丽、坚韧背后的孤独与无力。

灯光绿黯黯的，更显出夜半的苍凉。在暗室的一隅，发出一声声凄切凝重的磬声，和着轻轻的喃喃的模模糊糊的诵经声，"黄卷青灯，美人迟暮，千古一辙"。她心里千回百转地想着，一滴冷的泪珠流到嘴唇上，封住了想说话又说不出的颤动着的口。

字里行间丝丝缕缕的悲伤气息，完全表现了一位迟暮美人的清冷生活。在爱玲的心里，她已经洞察到了母亲最深沉的无奈。

在汪先生的鼓励和引导下，爱玲的文章越写越妙。他还组织了课外活动“国光会”，并出版了一本《国光》杂志，希望更加活跃学生们的课余生活。在理想之中，张爱玲是这本刊物的最佳编者，但是她给予的回答是：“没多大兴趣，只愿意投稿。”

在投给《国光》的稿件中，一篇《霸王别姬》激起了千层热浪。汪先生在课堂上介绍了历史小说《项羽本纪》，爱玲在这本书中寻找到了灵感，挥就一篇《霸王别姬》，令全校师生都大加赞赏，汪先生更是欣喜万分，将文章与郭沫若的《楚霸王之死》相提并论。

女人若是活在别人的影子里，结局往往是迷失自我。爱玲笔下的虞姬，有自己的独立思想，可是霸王只认为她是自己一个宠爱的妃子，并不在乎她的具体感受，文章中有很多心理独白。

啊，假如他成功了的话，她得到些什么呢？她将得到一个“贵人”的封号，她将得到一个终身监禁的处分。她将穿上宫装，整日关在昭华殿的阴沉古黯的房子里，领略窗子外面的月色、花香，和窗子里面的寂寞。

她要老了，于是他厌倦了她，于是其他的数不清的灿烂的流星飞进他和她享有的天宇，隔绝了她十余年来沐浴着的阳光。她不再反射他照在她身上的光辉，她成了一个被蚀的明月，阴暗、忧愁、郁结、发狂。

当她结束了她这为了他而活着的生命的时候，他们会送给她一个“端淑贵妃”或“贤穆贵妃”的谥号，一只锦绣装裹的沉香木棺椁，和三四个殉葬的奴隶。这就是她的生命的冠冕。

人人都道虞姬的死是为了殉情，但爱玲却更多地赋予这个人物自尊、自立、自主的特质。她的死，是源于对自身价值的思索。而这样的选择，也是爱玲内心深处最赞赏的。

爱玲的文学天分毋庸置疑，但她并不是个勤奋的写手。汪先生也熟悉她这样的脾气，只能无奈地催要稿件。可就连这样一篇《霸王别姬》，也被爱玲分了上下两个部分，当成两次作业交上来，或许干脆以一句最经典的“我忘啦”作为回答。

在学校中，有一位叫张如瑾的女同学，与爱玲共同被称为圣玛利亚女校的才女。当时，最流行的作家是张恨水和张资平，而两位才女的口味恰好相反。爱玲独爱张恨水，觉得张资平有些浮夸做作；如瑾则独爱张资平，觉得张恨水不甚入流。两人常常因此而面红耳赤，互不相让。

但所谓的争论都是无伤和气的，两人其实是表面斗嘴，内心惺惺相惜的同类。张如瑾写过一部长篇小说，叫作《若馨》，汪先生曾经出面联系出版社，安排其出版，但是因为战事纷乱，被搁置了下来。为了留作纪念，张如瑾自己印刷了一些，分赠给学校的师友们，爱玲赞叹说：“这是一个具有轻倩美丽的风格的爱情故事。”

后来，张如瑾毕业后不久嫁作人妇，便不再伤春悲秋，写下任何一篇作品。对此，爱玲觉得很遗憾。在毕业年刊上，有“最恨”一栏，她写道：“最恨一个有才华的女子突然结了婚。”

幸运的是，不论世事沉浮，几多无常，爱玲始终在写作的道路上没有放弃。人们把命运的安排叫作缘分，爱玲一生与文学结缘，谱写了传奇的倾世神话。当然，此时一切尚未萌动，传奇里的人，还不知道自己即将成为传奇。

「 第二节 」
在喧嚣中静默着

平静生活有时就像是姿色平庸的女子，为了赢得人们的持续关注和青睐，便不停地涂脂抹粉，插金戴银。没有人会真的放弃自己的生活，总想加些作料，尝试着将它装扮成人们习惯看到的那个样子。

母亲不在的日子，爱玲感到生活在夹缝中，但是总体来说也不算坏，有规律、有秩序，毫不失控。直到那个消息出现，她都觉得日子过得还算安好。海阔天空的梦想一个还没有实现，现实的生活里却又出现了一件令她不安的事情——父亲再婚了。

那是一个夏天的傍晚，爱玲不想回到那个腐朽的家里，便来到姑姑的住处。在小阳台上吹着风的时候，姑姑小心地告知了她这个消息。爱玲感到心猛地一跳，继而打了个寒战，脑海中不自觉地浮现出各式各样的画面，都是电影或书籍中会出现的后母形象。

在少女的想象中，“后母”是个丑陋的词语。那一刻，慌了神的她倚在姑姑的阳台上，窗外映出万家灯火，霓虹灯刺眼地闪烁着，她压着心脏哭了出来，泪水如断了线的珍珠，倾下面颊。有一瞬间她恶毒地想，如果此时那个女人在，她一定会毫不犹豫地将其推下去。

父亲新娶的妻子也颇有些来头，她是孙宝琦的第七个女儿孙用蕃。1933 年，房地产行业忽然掀起高潮，因为如此，张廷重的经济条件好转了许多，在亲戚间的走动便多了起来。一位亲戚见张廷重曾经做过英文秘书，处理商业文件还算在行，于是推荐他去给日商住友银行的在华买办孙景阳做助手。

张廷重每日的工作内容大约是处理与英美银行之间的业务往来，也在这样的环境下接触了投机、股票、证券等等。因为工作的关系，有人便留了心，将孙景阳父亲庶出的女儿孙用蕃介绍给了张廷重。

孙景阳的父亲孙宝琦共有五个老婆，子女二十四人。这位七小姐孙用蕃当时三十六岁，为人处世精明厉害得很，嫁给张廷重也算是低就了。不过，当时张廷重不知道的是，这位孙小姐有阿芙蓉癖（鸦片瘾），迟迟未曾成婚也是这个原因。

1934 年夏天，张廷重与孙小姐举行了隆重的订婚仪式，半年之后走入了婚姻的殿堂。在婚礼的热闹场景中，爱玲与姑姑和表姐们站在一起，不发一声，面无表情。这个十四岁的少女已经用敏感的心探得了命运压下来的阴影，在人声鼎沸的人群中，她独自静默着。

建立新的家庭之后，就像换了一个王朝，爱玲明显地感觉到家里有了天翻地覆的变化。或许是为了证明自己的精明干练，后母孙用蕃揽过了所有的管理大权，一方面扣住经济命脉，管理家里的全部日常开支，另一方面迅速地辞退了家里的一批佣人，改换成孙家的佣人。

接着，她又吵嚷着对房子不满意，不够气派，野心勃勃地盯紧了爱玲二伯父名下的一栋空置别墅。这栋别墅位于麦德赫司脱路和麦根路的转角上，与苏州河比邻，与闸北区隔岸，盖于清末民初。它本是李鸿章送给女儿李菊耦的嫁妆之一，爱玲的父辈们都曾经在那里住过，后来分割财产时归了二伯父。但二伯父一家觉得太大的房子住起来不舒服，费用也大，于是一直出租着。

张廷重拗不过新婚妻子的强烈要求，听话地领着家人住了进去。这栋别墅大而奢华，装修是仿造欧式风格，光佣人的房间就有二十多间。这本该是大家庭适合居住的房子，对于张廷重一家四口来说，实在是很不划算，昂贵的租金足够做许多更重要的事情。

对于张爱玲来说，这栋房子是自己出生的地方，它承载了太多父辈们的记忆，她并不喜欢这里的氛围和味道。“房屋里有我们家的太多的回忆，像重重叠叠复印的照片，整个的空气有点模糊。有太阳的地方使人瞌睡，阴暗的地方有古墓的清凉。房屋的青黑的心子里是清醒的，有它自己的一个怪异的世界。而在阴阳交界的边缘，看得见阳光，听得见电车的铃与大减价的布店里一遍又一遍吹打着《苏三不要哭》，在那阳光里只有昏睡。”

在刚开始，爱玲与后母之间的关系虽不算亲密，倒是也以礼相待。她平时住在学校里，眼不见心不烦，只有周末会回去，但也安排了许多活动，将时间占得满满的。孙用蕃是位吞云吐雾的“芙蓉仙子”，她与陆小曼是朋友，床头就挂着陆小曼画的油画。爱玲的记忆中，那时的家里就是两杆大烟枪的烟雾缭绕，生活散发着萎靡不振的气息，日子浑浑噩噩，连她这个花季的少女也被熏得失去了朝气与活力。

偶尔，爱玲也会和后母谈论些生活琐事，语气并不亲昵，但是很有礼貌。有一次，后母在书房中无意发现了爱玲的作文，题目是《后母的心》，她按捺不住好奇看了下去，结果大受感动。只见那字里行间都透着对自己的理解，将后母的尴尬处境和心态写得十分传神，有那么一瞬间，她觉得爱玲透透彻彻地了解了自己的灵魂。

从那以后，每逢家里有人做客，孙用蕃总是将爱玲的作文翻出来展示一番，并夸奖这是个才华横溢的女孩子。其实，爱玲的那篇文章并非出自肺腑，而是纯粹为了磨炼写作技巧而作，但见后母如此受用，便也未点破。张廷重也明白其中的缘由，但他当然乐得见到两人关系加温，同样选择了不言语，将错就错下去。

在表面的平静之下，有很多情绪暗涌。经历了许多变故之后，爱玲难以与这个陌生的女人发自内心地相处融洽，相反，她的心底其实有一道很深的隔阂。她还记得小时候，父亲的姨奶奶问她："你喜欢我，还是喜欢母亲。"她不假思索地回答："喜欢你。"若干年后，这一幕时常反刍出来，在她的记忆中翻江倒海，她感到耻辱，无法原谅自己。

在后母掌权的家里，爱玲强烈的自尊心难免受到打击。比如在一群时尚新潮的同学中间，她不止没有赶时髦的资本，还只能捡后母淘汰的旧衣裳。最让她痛恨的是一件暗红色的薄棉袍，穿了许久也没有更换，那颜色类似碎牛肉的血色，令人作呕。她把那种感觉形容为冻疮："就像浑身都生冻疮，冬天已经过去了，还留着冻疮的疤。”有时，舅母会把表姐的旧衣服拿来给爱玲，每逢那时，她的眼泪都快要流出来，自尊的神经紧绷着，她讨厌被人接济，被人怜悯。

无论如何，因为住校的缘故，爱玲与家里的矛盾就少一些。但是张子静就不同了，他终日活在后母的掌控下，性子又胆小温驯，时日长了，影响很大。一次，爱玲放假回去小住，竟吃惊地发现弟弟租了不少艳俗的连环画看，他清瘦了许多，穿着旧的不干净的蓝布衫，那幅场景让爱玲心头涌上没来由的一股辛酸。

爱玲急切地想要扭转弟弟的低俗品位，但是却无奈捉不到他的人影。仆人们告诉她，张子静已有了一大串逃学、叛逆、忤逆的事迹，这些事情让爱玲难过得几乎喘不上气来。

在一种病态的家庭环境下，少年的成长受到了扭曲和挤压，变成了爱玲最不想看到的模样。她后来在《童言无忌》中记录过一个场景。

为了一点小事，我父亲打了他一个嘴巴子。我大大的一震，把饭碗挡住了脸，眼泪往下直淌。我后母笑了起来，道:“咦，你哭什么？又不是说你！你瞧，他没哭，你倒哭了！”我丢下了碗冲到隔壁的浴室里去，闩上了门，无声地抽噎着，我立在镜子面前，看着我自己的掣动的脸，看着眼泪滔滔流下来，像电影里的特写。我咬着牙说:“我要报仇。有一天我要报仇。”

此时，在爱玲的心灵城堡里，已留下一个凛冽的魔鬼。在她看来，整个家早已在恶魔的统治下被摧残了千次万次。当她行走在校园中时，尽管沐浴着同样的阳光，有同样的鸟语花香，但是她的皮肤已经慢慢生出悲观者的刺。

在乌烟瘴气的环境下，母亲的温暖又开始浮现在梦中。她满脸泪水，用眼泪诉说委屈与心事，母亲温柔一笑，用手抚摸她的发丝。她多愿，一切只是花季少女的强说愁，是她的偏激和误解，是成长路途中的一场噩梦。

「 第三节 」

失去的温情

花朵还未绽放，便已开始期盼脱离。哪怕是花开一瞬就荼蘼，也是自己选择的结局。失去了温情，家的含义已然大打折扣，如今却又连生活的逻辑都丢失了，那还有什么是值得留恋的呢？

此处断肠，希望即在彼岸。

爱玲对母亲的思念越来越浓，有时候，她认为那是一种近乎情人之爱的罗曼蒂克。母亲在她心中的形象是完美的，任何人事物都不可替代的。

1937 年，在爱玲中学毕业的时候，母亲再次回国，还带回了四十多岁的美国男友。她的美丽不因岁月而有丝毫减少，反而又添了几分风韵，让爱玲视为女性的标杆。不论是出于母亲的影响，还是出于学校里的潮流，或是出于爱玲内心的真实渴望，此时她只有一个打算——出国读书。

她小心翼翼地表达了自己的愿望，却毫无悬念地遭到了家里的拒绝。张廷重与孙用蕃整日吸食鸦片，同时住着豪宅，经济压力已经很大，舍不得拿出钱来送爱玲出国。爱玲无法掩饰自己失望的情绪，对家里更加厌恶。

还有一层原因，父亲认为爱玲的选择是受了“某人”的蛊惑和影响。虽然已经拥有了新的家庭，但是想起当日的情境，仍是心有不甘，他觉得很窝火，告别了一个得不到的、只能仰望的女人，现在竟然又出现一个她的翻版。按理来说，爱玲应该与供养她的自己更亲近，缘何就非要受别人挑唆呢?

父亲的质疑，爱玲尚且可以理解和接受，但当后母也刻薄地插嘴道:“你母亲离了婚还要插手你们家的事，既然放不下这里，为什么不回来？可惜迟了一步，回来只好做姨太太！”这句充满讽刺意味的话让爱玲十分生气，拳头攥得微微颤抖，但还是忍了下来，默默离去。

长久的积怨总会爆发，那压死骆驼的最后一根稻草，正在缓缓落下，跌在脆弱的家庭关系上。1937年夏天，上海突然遭受日军突袭，沪战爆发。因为家里的宅子临近苏州河，爱玲常常被枪炮声吵得心烦意乱，连夜里也不能安生，于是她索性去找母亲，在那边窝了两个礼拜。临走时候因为匆忙，她与父亲打了招呼，却忘记了与后母知会一声。

两个礼拜之后，当爱玲踏入家门，迎接她的正是后母的横眉冷对：“怎么你走了也不知道跟我说一声？”话音刚落，爱玲还未来得及回应，一记耳光便飞了过来。爱玲呆愣了两秒，紧接着怒火中烧，这个平日沉默的女孩绝不允许自尊心被如此践踏，一股热血涌了上来，她冲了上去，想要还手，但被仆人们拦住了，不想这孙用蕃却趁机大叫："她打我！她打我！"一边哭喊，一边奔上楼梯。

爱玲看着眼前正在上演的闹剧，嘴唇和手指都微微颤抖着，一句话也说不上来，只是站在那里。视线之内有一只没有鱼的鱼缸，里面红色的海藻刺眼地晃动着。爱玲听见楼上传来一阵木屐拍打地面的声音，她嗅到了危险的味道。

随着这阵"吧嗒吧嗒"的急促脚步声，父亲从楼上奔了下来。他不由分说地冲向女儿，怒喊道："你还打人，你打人我就打死你！真是无法无天了！我今天非打死你不可！"此时，父女之间的矛盾爆发，仿佛多年的积怨一起释放出来，昔日的温情被打破，换来暴风雨般的拳脚相加。

没有什么语言能够描绘得出，一个花季少女受到殴打时的颜面尽失。在拉扯的过程中，她的头一会儿被打得偏向左边，一会儿偏向右边，严重时她觉得耳朵里似乎跑过一列火车的轰鸣，父亲抓着她的头发，像头咆哮的野兽。他仿佛忘记了，面前手无缚鸡之力的少女，是他的亲生骨肉。

面对混乱的局面，仆人们也都惊慌失措，费了好大的力气才把两个人分开来。狼狈的爱玲喘着粗气，但心里却异常地冷静下来，她以一双旁观者的眼睛看着屋子里的每一个人。这短短的几分钟，撕碎了她对"家"的全部热爱和想象。

她忽然记起母亲说过的话："万一他打你，不要还手，不然，说出去总是你的错。"她静静立在那里，看着父亲横眉冷对地甩袖而去，也看到后母那掩饰不住的得意表情。

爱玲跑到了浴室，看到镜子中的狼狈少女，不由得为自己悲哀起来。愤怒的情绪又突然蹿了上来，她不能够理解，在这座文明的都市里，竟然有一位狠心的父亲如此殴打自己的女儿。她不甘心，想要去报告巡捕房，让所有人都来见证这个卑劣的男人。

狂奔出去的爱玲没有完成这个构想，她被守门的巡警拦住，大闹了一番后也无济于事，只得偃旗息鼓。刚刚平息了情绪的张廷重却又被勾起了怒火，他抓起一只青瓷花瓶向爱玲掷了过去，爱玲吓得呆住了，但所幸没有砸中头部，偏了些位置，撞到墙上变成四溅的碎瓷片。

父亲甩门而去后，爱玲抱着何干痛哭失声，她觉得身体里的水分都快要哭干了。第二天，爱玲又在一间空屋子里哭了一整天，但她觉得没人在意，脚边的空气都是静止的，所谓眼泪与悲伤都是演给自己的戏码。

次日，姑姑上门来看望爱玲，并说了些缓解的话语，但却换来后母阴阳怪气的一句："是来捉鸦片的吧？"姑姑气得刚要回嘴，张廷重就跳出来劈头打过去，三拳两脚将妹妹打进了医院。姑姑十分生气，但碍于骨肉关系，觉得告到巡捕房始终有辱门楣，便咽下了这口气。

此时的爱玲孤立无援，被关在一间空房子里，独自体味孤单、恐惧、愤怒。张廷重威胁说要用手枪打死她，爱玲知道那只是一种威胁，但有时她却宁愿那是真的，屈辱地生，还不如痛快地死。

她出生在这栋房子里，这里的空气记录了她的第一声啼哭，若干年后她回到这里，心里却慢慢地抵触与不情愿。如今，她被困在这里，时间分分钟滑过她的皮肤，凌迟着她的耐性。这栋房子在她的心里越发阴森了，每一角落又仿佛隐藏着怨气与杀机。

日子重重叠叠地过了一百多天，爱玲在这间坟墓般悲凉的房子里，被禁锢了半年。她觉得自己像是被全世界遗弃了，外面的人在过着灯红酒绿的日子，只有她蜷在角落里，听着自己的心跳与呼吸。每当风吹动窗外的树叶，她都会惊恐而警觉地竖起耳朵，她开始对这个世界产生敌意与戒心。

一百多个日日夜夜，于一个十七岁的少女来说，却像是走过了半个世纪的辛酸，灵魂老去了几十岁。她期盼着重获自由的那一天，阳台的木栏杆被她撕成了一地残渣，每当天空滑过一架飞机，她就会默默在心里许愿，不如有个炸弹落下来吧，她愿与这房子里的每个人一起在烈火中死去。

房子里最关心爱玲的要数何干，她常常叮嘱这个倔犟的姑娘："千万不可以走出这扇门呀！出去了就回不来了。"在她看来，这个瘦弱的孩子如果脱离了家庭，就是不幸与悲惨的。但爱玲心里却并非这样想，地狱般的宅子是她一生的噩梦，她翻遍了《基督山伯爵》《三剑客》等复仇小说，时刻计划着要逃出去，她要拥抱外面的世界。

她想过，要用被单系成绳子，悬在窗户上逃出去。但是仔细分析，她又觉得自己的房间不临街，又要从花园翻出去，若惊动了院里的两只白鹅，倒是会惹了大麻烦。她还要等到万事俱备再行动，于是她每天坚持锻炼身体，为逃走做准备。

就在这个节骨眼上，爱玲忽然病倒了。她患上了痢疾，生命奄奄一息，父亲不曾请人来医治，只是任由她独自折腾着。她滚烫的身体整日卧在床上，分不清白天黑夜，她常常觉得自己就要死了，或许这栋伴随她出生的房子也要送她离去吗？绝望之余，她又一次次睁开了眼睛，看到这个残存的世界。

如此地病着，她也没有忘记过逃跑的事。每当听见大门“咔嚓”的一声开关，她的心跳都会变快许多。她常想，门外的守卫一定会因为她生病而松懈吧？这时候逃走倒是良机。胡思乱想了好久，但无奈力不从心，她连一张床都爬不起来。

何干终于看不下去了，老泪纵横地看着自己带大的女孩，心疼她受这样的苦。她瞒过了孙用蕃，悄悄对张廷重说了情，也将爱玲现在的身体状况转告给了他。张廷重知道，如果女儿出了什么事情，他是绝对脱不了干系的，他甚至还因此做了噩梦，梦见路人纷纷指着他的鼻子骂他“恶父”。

爱玲得到了治疗，大难不死。张廷重会趁妻子不注意时悄悄给爱玲注射抗生素，持续了几天后，病情总算得到了控制。在何干的照料下，爱玲渐渐可以坐起来，并扶着墙壁走动了。她恢复健康的第一天，就在迫切地寻找逃跑的机会，她受够了这一切，她要逃走！

机会终于来了，一天晚上，她先是向何干打听了两个巡警的换岗时间，然后蓄势待发，在那个黑咕隆咚的晚上，她在换岗时蹑手蹑脚跑了出去。在拔下门闩，狂奔在街道上的时候，她感到自己像在做梦。半年里，这一幕每天都在她的脑海里演练，今日成为事实。

呼吸着外面的空气，脚步踏实地踩在街道上，爱玲又想笑又想哭，她怀念这个世界，尽管它是那样不讲道理。路过每一间房子的时候，爱玲都想起了卖火柴的小女孩，那房子里一定有热气腾腾的美味佳肴，还有欢声笑语的家人团坐。可是对她而言，情感已经干瘪了太久，缺少爱的滋养。她遇到了一个黄包车夫，并兴致勃勃地与他讨价还价，她为的不是省钱，而是那种“我在活着”的体验。

爱玲逃走后，张廷重大发雷霆，但也于事无补。他开除了何干，这个忠心服侍了几十年的老仆人含泪离开了张家，回老家养老去了。后母心中倒是少了个负担，把爱玲的东西扔的扔，送人的送人，就当没有这个人存在过。何干悄悄偷出了一些爱玲儿时的玩具，给她留作纪念，有一把白象牙骨子淡绿鸵鸟毛折扇，扇起来便掉毛，呛得人流下泪来。

逃走并不是最后的结局，爱玲的复仇也开始启动，她向父亲每日阅读的《大美晚报》投了一篇英文稿件，声泪俱下地描述了自己被软禁和虐待的经过，文章真的刊登了出来，标题为："What a life, what a girl's life!"

可以想象得到，爱面子的张廷重看到报纸后会是怎样的暴怒，但是文章已经刊登，任何咆哮也无济于事。多年后，红遍全国的爱玲又将这段故事写入《私语》中，当时，她的读者遍布中国的每一个角落。相信这样的复仇，远比打骂声讨更加残酷和有效。

只是生活偶尔的一个急转弯，温情变脸为敌视。被困在迷宫里的女孩想不通，也辨不明，同样频率流动的血液为何失心疯般脱离了轨道。因爱生恨，抑或是爱恨交织，都成了毒药，渗入五脏六腑，活在身体的每一个细胞里。

生活的面孔是何时塑造的呢？无数灰暗的记忆奔走着，其中冷漠的苍白贯穿了昔日的梦境，鲜血四溢。悲伤逝去了，只留下孤独的缅怀，当有一天独自垂暮时，追忆着那梦境中过往的曾经与将至的未来。

「 第四节 」

窘迫的生计

在逃出家门的那一瞬间，爱玲知道，这一生，她是无法回头的。母亲曾经托人捎话给她：“你仔细想好，跟着父亲，自然是有钱的，跟了我，可是一个钱都没有，你要吃得了这个苦，没有反悔的。”

但对于此时的爱玲而言，再大的苦也抵不过父亲的残忍和后母的刻薄。她明白，因为自己的到来，会给母亲增添不少经济负担，但她已再无选择。

在母亲和姑姑的照顾下，爱玲的生活恢复了平静，偶尔梦见父亲的家，会惊得一身冷汗。她也常常惦念弟弟张子静，惋惜他还要在那种扭曲的环境下成长，心疼得想流泪。有一次，弟弟竟然也来投奔母亲，他带着一双期盼的眼睛，还有一双最心爱的篮球鞋，用旧报纸包着。

又惊又喜的爱玲问道:“你怎么来了？跟爸说了没有？”话音刚落，便看到弟弟的眼圈红了，这个可怜的男孩无助地低下了头，咕哝着：“姐姐，我也想和你们在一起，爸爸总是打我！”说着，他还卷起了袖子，给姐姐和妈妈看身上的触目伤痕。

爱玲使劲地掐着手心，不让眼泪流下来，她仿佛嗅到了那个家的残暴味道。她用求助和期待的目光望向母亲，她多希望母亲也能将弟弟留下来，他们可以幸福地相依相伴。

黄逸梵心如刀绞，她看到了儿子承受的苦痛，也看到了女儿殷切的眼神。但现实的重压又告诉她，她无法承担两个孩子的抚养，自己欠这个儿子的，实在是太多了。爱玲和弟弟读懂了母亲的心意，三人相拥而泣，弟弟哭得最凶，眼泪止也止不住。

最终，弟弟独自一人离去，爱玲看着他孤单的身影，觉得心快要碎成了粉末。那个柔弱的孩子，带着他心爱的篮球鞋，在转身的那一瞬间，眼里流淌出一种彻骨的伤心和绝望。

母亲的家里是温暖的，爱玲不必再提心吊胆。她们之间的关系虽不像一般的母女那样亲密无间，但终归是最亲近的人，让她感到安心。

虽然是骨肉至亲，但由于分隔的时日比较长，爱玲有意去经营与母亲之间的关系，她几次试图想和母亲唠叨些家常，但又不善言辞，总是尴尬收场。母亲在有心事的时候，又不喜答话，爱玲敏感的心灵会感到有些受伤。

母亲的形象之于张爱玲，是个偶像般的人物。生活品质、审美趣味、朋友圈子等方面，都让她仰望着。如今朝夕相对，偶像也有了凡人的样子和烦恼，比如因为手头拮据而感到困扰。

女儿的到来，使得黄逸梵的压力增添了许多倍，关于日常的花销，她给了女儿这样的选择："如果要早早嫁人的话，那就不必读书了，用学费来装扮自己，如果要继续读书，就没有余钱花来买衣服了。"

爱玲是个极爱美又极爱面子的女孩，但是她只能做第二种选择，去读书，以后远走高飞，像母亲一样过上自由的、优雅的生活。

落差总是有的。家里虽然是没落贵族，但她仍然享受过普通孩子没有办法体会的奢侈生活。而如今，她要适应为柴米油盐发愁的日子。从她逃离父亲的那一刻起，就注定了要承受这一切。

20世纪20年代中期，上海已有了"东方巴黎"的美誉。爱玲总是痴迷地站在街头，看向那一排装修漂亮的时装店，不论是曼妙的中国旗袍，还是新潮前卫的洋装，都让她心动不已。

有一次，爱玲恰好在一家服装店门廊下避雨，隔着透明的玻璃，她痴痴地望着模特儿身上的一套粉红色晚礼服，它像闪着金光一般陈列在她的面前，仿佛穿上了它，就会成为公主，得到最美的爱情。爱玲看着那衣服上精致的花边，惊呼着。

可是她也清楚地明白，这是不属于自己的。或许它会被一个完全没有气质的暴发户女人买了过去，糟蹋了它每一个完美的细节。

与母亲一样，姑姑的生活亦不富裕。与哥哥分家后，她经济状况一直都不好，卖了不少珠宝，但总是改变不了窘迫的现状。姑姑找工作非常挑剔，诸多的不顺心使得她的心境很低落。有一次，爱玲想吃包子，姑姑没钱去买，就用现成的芝麻酱做馅，捏了四只小小的包子。

看着包子上面的褶，爱玲的心也皱了起来。她一瞬间想起了许多儿时的快乐片段，原来怎样的生活都有阴暗的一面。

为了爱玲留学的事，黄逸梵操了不少心。但是随着相处越来越久，她亦在女儿身上看到了许多缺点。她走路很不协调，总是跌跌撞撞；她不会削苹果，经过艰苦努力才学会补袜子；她怕上理发店，怕见客，怕给裁缝试衣裳；许多人尝试教她织绒线，但都失败了；在一间房里住了两年，却不知电铃在哪儿；她天天乘黄包车去医院打针，连着三个月，仍然不认识那条路。

除了写作和画画，爱玲在生活技能方面几乎是一个废人。母亲时常也会说出一些伤害她的话，比如“我懊悔从前小心看护你的伤寒症，我宁愿看着你死，不愿看着你活着使自己处处受痛苦”。一词一句扎得爱玲心痛万分，母女之间的关系也变得脆弱易碎起来。

失望归失望，母亲的出发点总是出于关心与担心，她决定尽最大的努力改造女儿，教她学煮饭、用肥皂粉洗衣服、练习走路姿势、学会看人的脸色、点灯后记得拉帘子、照镜子研究面部神态、如果没有幽默天才千万别说笑话等等。

爱玲不愿让母亲失望，努力地照做着，她也愿成为一位像母亲一样的淑女，但却无奈进步缓慢，成果甚微。

时间冲刷了生活表面那层瑰丽的颜色，不堪的内容还是渐渐显露出来。母亲本就很拮据，如今越来越紧张了。自尊心极强的爱玲最害怕向母亲伸手要钱，虽然母亲从不拒绝，但她感受得到那种微妙的气氛，这些琐屑的难堪，正一点点地凌迟着母亲对她的爱。

金钱是生活的饭碗，但又是可以摧毁梦想的恶魔。爱玲从不掩饰自己对金钱的热爱，而母亲则在这个问题上显得一尘不染，不仅在有钱时不屑于提钱，为生计窘迫时也不屑于提到钱。爱玲感到这样的清高是没有必要的，但是这种庸俗的想法自然又遭到了母亲失望的眼光。

爱玲渐渐懂得，矛盾是无所不在的，世上可能难以找到完全和谐的关系。与父亲的矛盾是激烈的、正面的，与母亲的矛盾是抽丝剥茧的、暗涌的。所以她说:“这时候，母亲的家亦不复是柔和的了。”

在乱世流离中寻找一个安定的所在，这是爱玲内心深处最渴望得到的。她在寻寻觅觅中失望了一次又一次。于是，她后来为笔下的红男绿女们也设置了这样的关卡，让他们怀揣着渴望，却又以破碎而收尾。

第三卷

劫后重生／最美丽的开始，最意外的结束

「第一节」

走入香港

1939年夏，爱玲以第一名的成绩考取了伦敦大学，但由于纷乱的战事，却未能如愿前往，最后持成绩单改入香港大学。这个结果虽有些遗憾，但终归可以告别青春的斑驳记忆，昭示着大好的前途。

在一个阳光慵懒的午后，张爱玲乘船到达香港码头，一个优雅谦和的男士早已等在那里，他看着这个身着浅蓝色短袖旗袍，手里拎着藤编小箱子的女人走下船来，微笑着走过去相迎。

这是生活经验很少的爱玲第一次离开家乡，母亲与姑姑放心不下，便托了李开第先生做她的监护人。李先生是两人在英国时候的老友，后来与爱玲的姑姑张茂渊谱写了一段旷日持久的美丽爱情。

一路上，李先生为爱玲介绍着香港的风土人情。爱玲用好奇的眼光，打量着这个陌生的城市，它是繁杂缤纷的，有些超出她的视觉经验，但又仿佛在哪里见过，有种莫名的熟悉感。透过车窗的玻璃，她轻轻地对香港说："你好。"

香港大学在一座山上，它与大自然郁郁葱葱的绿色融合在一起，美得像是童话里的大花园。校园里彩蝶飞鸟随处可见，各种奇花异草竞相绽放，香飘满园。

在这个校园里行走的大多是东南亚各国的富家子弟，爱玲像是混迹其中的丑小鸭，她没有什么奢侈的用品，也不能追赶时髦，只是用母亲的积蓄来完成学业和生活的基本需要。她心中的出国梦仍没有破灭，她要学好英文，考出优异的成绩来获得奖学金，并争取抓住机会去英国留学。

这不是一个和平年代，外面的世界战火纷飞，香港暂时得到了安宁，也因此成为中国文学的避难地。《文艺阵地》《华商报·灯塔》《大公报·文艺》《大风》《时代文学》《时代批评》等文艺刊物遍布香港。

远离故土，心中固然惆怅，但也多了一种重生的感受。她没有入时的衣服，也没有交际的能力，但是心中的梦想却越来越清晰。闲暇时到校园后面的山上念念英文，与大自然亲密接触，身心都变得舒爽起来。

也有过恐怖的经历，山洞里突然钻出一条二尺来长的大蛇，与她对望着。爱玲就傻傻地愣在那里，脑子一片空白，几秒钟后才回过神来，大叫着逃走，回去后吓得好几天不敢再去那个地方。

偶尔，爱玲也会小资一把，约上同学去"青鸟咖啡馆"小憩片刻，品着苦苦的咖啡，还有一种叫作"司空"的面包，聊着八卦。聊着聊着，爱玲也会出神，忽然留意到了哪个陌生人，燃起了好奇心，便细致地观察起来，像是要探知人家的秘密一般。

最常见到爱玲的地方是图书馆，她喜欢那里的空气和所有，乌木的长台，沉沉的书架子，精装书的厚厚书脊……她感受得到，置身于书的海洋里，她的灵魂是纯净而愉悦的。

旧书库里的空气和味道，是很多人难以接受的，但爱玲却偏偏独爱那份阴冷和怪味，她的手轻轻抚上发黄的书页，灵魂瞬间穿越了古今，触摸到了古人鲜活跳动的心脏。

爱玲能够在每一次的考试中得到好成绩，是因为她有一个很厉害的地方，就是可以敏锐地摸透每一位教授的心思，以至于大概猜得出他会出什么题。在港大的前两年，她所有科目都是第一名，连得了两年奖学金。就连一位以挑剔出名的英国教授也心服口服地对爱玲说："我教了十几年书，可从来没有给过这样的分数。祝贺你，高才生！"

每逢想家时，爱玲会翻出姑姑的信笺，看着那漂亮的钢笔细字，伴着阵阵墨水清香。回信时，爱玲强迫自己必须用英文，写的时候心里是不自信的，因为姑姑、母亲都精通英文，一看便能看出自己句子里的毛病，隔着千山万水，她也会羞愧得攥紧拳头。于是，她希望姑姑的来信长一些，自己的回信却越来越短，就像《英文书信模范读本》里的范本一样，刚开头没两句就该落款了。

这个内心敏感的女孩子，哪怕是面对自己最亲的人也害怕丢脸。在班里，爱玲最有希望毕业以后到英国继续深造。她坚守着这个梦想，并为之不断积累着，用英文写信也是她做出的努力之一。

除了写英文信，她同时读了大量英文小说的原著，感受英语写作的原汁原味。她苦练英语，不只满足于用英语沟通，还要用它来抒发内心的情感。

唯有一次用中文写作，名为《我的天才梦》，那是《西风》杂志创刊三周年的征文比赛，首奖奖金五百元。当时爱玲在读一年级，她想赢得这笔奖金补贴生活开支，便投了一篇稿，不料一鸣惊人。编辑们交口称赞，为这样一个年轻的女孩子能够写出力透纸背的成熟文章而感到惊诧。

她描述自己身上种种超乎寻常年龄孩子的“天才”特质，又与自己“在现实的社会里，等于是一个废物”形成对比，笔法十分老练，句句含金，没有赘言。最后，这个年轻的女孩感慨：“生命是一袭华美的袍，爬满了虱子。”

明明还没有历经风雨，但却已拥有超出年龄的清醒与透彻，满满的自信中掺杂着自负。这个有些自恋的女子，已经寻到了自己的谋生宿命，她天生是个写作者。

爱玲得知自己获得首奖，兴奋得每个器官都活跃起来，这是最适时的肯定，让她骄傲于自己的才华。好消息很快传遍了学校，同学们争相传看通知书。当爱玲风头出尽后，事情急转直下，不知何故，她竟在最后的正式名单中被排到末尾，莫名其妙地由“首奖”变为“特别奖”，奖金自然也缩水了许多，爱玲为此十分生气。

每个人最在意的多是他人的目光，当现实渐渐给出了论据，证明爱玲在写作的领域里，是个不寻常的女人时，爱玲渐渐摆脱了自卑的阴影，脱胎换骨般振作了起来，站立在新的人生坐标上，让生活的色彩明艳了起来。

女人最重要的事情是宠爱自己，如果获得好的成绩，爱玲也会犒赏自己，做几件精致独特的衣服，将自己打扮成想象中的样子，漂亮，但又不落俗套。她感到自己渐渐蜕下了丑陋的茧壳，有了蝴蝶般的翅膀与飞天梦。

走入香港，爱玲的人生轨迹发生了变化。不同的人，不同的想法，不同的生活方式，这些东西碰撞在一起，为爱玲打开了一扇神奇的门。这座并非生她养她的城市，不可磨灭地在她的灵魂里，烙下了一抹深深的印记。

「第二节」

与青春相撞

沉默的女子大多有非凡的洞察力，眼角眉梢处流露出几分敏感与精明。爱玲不爱说话，却喜欢静静聆听。在这所学校里，形形色色的学生汇集在一起，她们青春，充满活力，对世界充满了想象，好像还体会不到什么叫作忧愁。

在爱玲的眼里，很多人和事都是奇妙而新鲜的，她贪婪地吸收那些有趣的故事，接受那些从未想象过的文化和生活，世界的维度缓缓地向她打开。偶尔高兴起来，她也会玩耍得像个孩子，故意学别人的家乡口音，并跟着人家大跳家乡舞。很多女孩子疯闹在一起，空气里弥漫着年轻的味道。

印象中，有一位马来西亚的华侨姑娘，名叫金桃，脸色淡黑，略有点龅牙，总是一副大小姐的样子，娇滴滴地不能吃苦。当地人都要在修道院进修，可她只读了半年就离开了。

活跃的金桃爱唱又爱跳，带动了一股马来舞蹈的风潮。男男女女排成两行，或摇摆着身体小步往前走，或只是摇摆，女的捏着大手帕子尽情地挥洒着，唱着：“沙扬啊！沙扬啊！”“沙扬”即“爱人”的意思，歌曲简单而直接，却亦有种质朴的感染力。

金桃说，马来女人只有宴会和过节的时候才穿旗袍，平日里都是洋装或短袄长裤。她所住的城市里有一家电影院，是每晚必去的场合，若是撞到其他小姐，身上的行头输了阵势，急得二话不说，立刻赶回家去换衣服，再急匆匆地在电影开场时赶回来。这种文化倘若画在纸上，该是一种原始意象做底，再附上一层小家气的文明。爱玲觉得，那就像一床太小的花洋布棉被，盖住了头，盖不住脚。

相比较起来，另一位叫作月女的姑娘生得更清新秀丽，皮肤白得近乎透明，大眼睛忽闪忽闪，释放出甜蜜可人的气息，连女人见了也忍不住想捏她一把。

第一次给爱玲留下深刻的印象，是在宿舍的浴室里洗了澡出来，白底小花的睡衣，伴着幽香的味道，白净的脖子上挂着一枚小小的银十字架，装饰得恰到好处。

动起来也是美的，她笑得眼睛弯弯，有礼貌地向大家鞠躬，说：“这里真好。在我们那边的修道院里读书的时候，洗澡是大家一同洗的，一个水门汀的大池子，每人发给一件白罩衫穿着洗澡。那罩衫的式样……”说话时，也不断地咯咯笑，整个人都透着明媚。

见所有人的吸引力都被自己勾了过来，她讲得更加起劲了：“你没看见过那样子——背后开条缝，宽大得像蚊帐。人站在水里，把罩衫捋到膝盖上，偷偷地在罩衫底上擦肥皂。真是……”一边说着，语气和神情都纠结起来，看起来既有趣又可爱。

她父亲是商人，好不容易发达了，盖了座新房子。可全家人搬进去没多久，他就迷上一个不正经的女人，把家业抛荒了。

“我们在街上遇见她都远远地吐口唾沫，都说她一定是懂得巫魇的。”月女愤愤地说。

“也许……不必用巫魇也能够……”爱玲建议道。

“不，一定是巫魇！她不止三十岁了，长得又没什么好。”月女极力辩解。

“即便过了三十岁，长得又不好，也许也……”爱玲尝试着表达自己的看法。

不等爱玲讲完，月女便抢过话头：“不，一定是巫魇，不然他怎么那么昏了头，回家来就打人——前两年我还小，给他抓住了辫子把头往墙上撞。”

她还说：“马来人顶坏！骑脚踏车上学去，他们就喜欢追上来撞你一撞！”她只知道他们的坏。

月女会跳交际舞，可是只肯同父亲和哥哥跳。

直至多年以后，爱玲还会想起月女，想起那双纯真的大眼睛，那种常有的羞耻伤恸的表情。

有个很好玩的锡兰（今斯里兰卡）姑娘莫娅，喜欢找爱玲玩，两人成为好朋友。和莫娅在一起是件开心的事，莫娅不懂中文，但很喜欢中文，爱玲为她取中文译名叫莫黛，但听起来像“麻袋”，不好听。日本古传说中有一种吃梦的兽，叫貘，又改名貘梦，后来又为她取了一个更好的名字——炎樱。

炎樱是爱玲一生中最要好的朋友。

炎樱姓摩希甸，父亲是阿拉伯裔锡兰人，信奉回教，在上海开了一家摩希甸珠宝店。母亲是天津人，为了与青年印侨结婚跟家里决裂，多年不来往，炎樱的大姨妈住在南京。在爱玲眼里，那是个典型的、守旧的北方人家。

炎樱生得漂亮，性格又可爱活泼，而且常常语惊四座。她个子小，但很丰满，时时有发胖的危险，而她从不为这担忧，还达观地说："两个满怀较胜于不满怀。"（这是爱玲根据"暖玉温香抱满怀"勉强解释的。炎樱的原话是："Two armfuls is better than one armful."）

她和爱玲到报摊上翻阅画报，统统翻遍之后，却一本也没买。报贩没好气地说："谢谢你！"炎樱笑答："不必客气。"

有一次，炎樱、爱玲，还有一个女同学出去散步，默默走着，这位女同学说："我是这样的脾气，我喜欢孤独。"

炎樱低声加了句："孤独地同一个男人在一起。"爱玲大声地笑了，那位小姐也笑了，反正大家开惯玩笑了。

有时候她的言论很大胆。中国有句俗语："三个臭皮匠，凑成一个诸葛亮。"西方有句相似的谚语，"两个头总比一个好"，即两个人的头脑智慧胜过一个人。炎樱化腐朽为神奇，将这句谚语改为："两个头总比一个好——在枕上。"还公然把这句话写在了作文里面，而看卷子的教授是位神父。

炎樱是一个聪明、有趣，又富有诗意的人，爱玲把她说过的一些有趣的话记了下来，就成了那篇妙趣横生的《炎樱语录》，比如：

我的朋友炎樱说："每一个蝴蝶都是从前的一朵花的鬼魂，回来寻找它自己。"爱玲几乎被感动得落下泪来。

关于加拿大的一胎五孩，炎樱说："一加一等于二，但是在加拿大，一加一等于五。”话说得真是漂亮极了。

炎樱说：“月亮叫喊着，叫出生命的喜悦；一颗小星是它的羞涩的回声。”原来，这个女孩说话不仅有趣，还可以来得诗意盎然。

炎樱这样形容女人的头发黑：“非常非常的黑。那种黑是盲人的黑。”言语中透着逼人的灵气。

爱玲真心喜欢炎樱的风趣、幽默、诗意、淘气，甚至是小气，和自己一样的小气，两人为此常高兴得大笑。

和别人在一起，爱玲常常有很多顾忌，怕自己说得不好，怕别人嫌烦，总不爱多说话。可与炎樱在一起就不同了，可以想说什么就说什么，想怎么说就怎么说，话特别多，而且聊得也投机。

炎樱爱说也爱听，女孩子都是爱唠叨的，之前，爱玲是不敢和人“唠叨”的，终于找到了可以一起“唠叨”的人。

她的心里大抵是极珍惜的，这份难得的情谊久存心间，在繁华的乱世里，给她温暖。

凭着一副伶牙俐齿，炎樱又很会砍价。每次买东西，付账的时候总要抹掉一些零头，以至于后来在上海，在虹口犹太人的商店里，她也照砍不误。

一次，她把包翻了个底朝天，说：“你看，没有了，真的，全在这儿了。还多下二十块钱，我们还要吃茶去呢。专为吃茶来的，原没有想到要买东西的，后来看见你们这儿的货色实在好……”

犹太女人微弱地抗议：“二十块钱也不够你吃茶的……”

可是，店老板被炎樱的孩子气打动了，他微笑着，让步了：“就这样吧。不然是不行的，但是为了吃茶的缘故……”还告诉她附近哪家茶室的蛋糕最好。

也许他曾有过这样一个棕黄皮肤的初恋，或是早夭的姐妹，也未可知呢。

炎樱的话常带给爱玲很多乐趣，一个偶然的机会，竟通过炎樱认识了她后来创作的小说《连环套》里的主人公。

有一天，炎樱请爱玲一块去看电影，说是她父亲的一个老友请她的。爱玲觉得，单独请女性看电影，古今中外大抵都觉得不合适，炎樱可能是出于这个考虑，才请她陪着去的。

起初，爱玲坚持不去，可炎樱再三说："没什么，不过是我父亲从前的一个老朋友，生意上也有来往的。打电话听见摩希甸的女儿来了，一定要见见。"

那是中环的一家电影院，香港这类的古建筑有点像早期澳洲式，给人感觉阴暗污秽，大而无当，然而街道却出奇的狭窄拥挤。

门口立着大广告牌，多是流血的大场面，污七八糟，使人提不起兴趣，却也目不暇接。

站在门口，对面有人迎过来了。来人穿着一套泛黄的白西装，一二十年前流行，已绝迹了的。整个人像极了毛姆小说里的人物，那些流落远东或南太平洋的西方人，肤色和白头发一个色，全是泛黄的脏白色，只有一双眼睛像印度人，只见那麻黄的大眼睛里缠满了血丝。

"希望你不介意她陪我来。她是我同学，叫张爱玲。"炎樱把爱玲介绍给他。

不料那人露出窘迫的神色，从口袋里掏出两张票，往炎樱手里一塞，咕哝了一声"你们进去"，便匆匆往外走。

炎樱赶忙说："不不，我们去补张票，你不要走。"

那人只摆了摆手，走了几步又想起了什么，把手里一个纸包又塞给了炎樱。

爱玲还不知是怎么回事，炎樱觉得有点不好意思，微笑着向她低声解释："他带的钱只够买两张票。"

打开半透明的纸包，是两块加糖鸡蛋的煎面包，用面包包装纸包着，花花绿绿的，外面的黄纸袋还浸出油渍来。

她们只好进去，是楼上的票，最便宜的最后几排。老式的电影院，楼上出奇的大，坡斜得又厉害，很少见的险陡角度。

在昏黄的灯光里，跟着领票员翻山越岭上去，狭窄的阶梯走道铺着麻袋式粽草地毯。往下一看，密密麻麻的楼座呈扇形展开，"地陷东南"似地倾塌下去。

下缘一线栏杆拦住，悬空吊在更低的远景上，使人头晕。坐下来都怕跌下去，要抓住座位扶手。开映了，可银幕厅太小，看不清，也听不大见。

黑暗中，炎樱递了煎面包给爱玲，爱玲拿在手里怕衣裳沾了油，就吃了起来，味道不错，但想起潘那矶先生窘迫的神情，吃着吃着就变了味。两人耐着性子看了一会儿，实在没意思，对看一眼，都说："走吧，不看了。"

回去的路上，透过车窗，窗外霓虹闪烁，炎樱说："你愿意听他的故事吗？不过那可有一些凄婉！"

原来，那位潘那矶先生是个帕西人，祖籍波斯，是名印度拜火教徒，小时候生在香港，从前生意做得很大。

有个麦唐纳太太，本是广州人家的养女，先跟了个印度人，第三次与之同居的是个苏格兰人麦唐纳，所以自称麦唐纳太太，她有很多孩子。

她跟这位帕西人认识，也一直嚷着要给他做媒，又硬要把大女儿宓妮嫁给他。他是喜欢宓妮的，可那时她只有十五岁，还在学校读书，死活不肯答应。麦唐纳太太就骑在女儿身上打，硬逼着嫁过去了。

好景不长，很快两人就离婚了，宓妮才二十二岁，两人生了一个儿子，离婚后，儿子由宓妮养，也不给他看。他很爱儿子却见不着，从此生意就走了下坡路，越来越蚀本。宓妮在一家洋行做事，儿子已十九岁了，跟她像姐弟一般。

恰巧有一天，宓妮要请炎樱吃饭，炎樱就让爱玲一起跟了去，正好见见这个故事的女主角。在那间广州茶楼，爱玲第一次吃到菊花茶，搁糖。

宓妮看上去二三十岁，穿着洋服，中等身材，体态轻盈，薄嘴唇，有点深目高鼻。

爱玲觉得她很像自己的母亲，一顿饭下来，还是觉得像，便问炎樱是不是像。炎樱是见过黄逸梵的，说“是同一个典型”，但没有爱玲觉得像。

后来，听炎樱说，宓妮再婚，嫁了她儿子的朋友，年纪比她小，三人在一起很快乐。

港战后，爱玲在上海炎樱家中见到了麦唐纳太太，她早已搬到了上海，好像在囤货做生意。她人生得高大，长方脸，略施脂粉，穿着件小花布连衫裙，腰粗且结实，很爽利，头发乌黑，梳着光溜溜的小扁髻，很有东方韵味，看不出已六十多岁了，嗓音微哑，有说有笑，眼睛一眯，仿佛还带点调情的意味。

这些人和事给了爱玲很深的印象，后来回到上海后，她根据这个故事创作了小说《连环套》。

「第三节」

战争竟是如此残酷

1941 年 12 月，太平洋战争爆发了。18 日，日本军队登陆香港，一场战争无情降临，爱玲和她的同学们还在做着罗曼蒂克的未来之梦，可这一切都被战争打乱了。

12 月 8 日是学校大考的第一天，由于战争，考试被取消，同学们为此还欢呼雀跃了一番。

平日里，他们“两耳不闻窗外事”，也不相信“清坚决绝的宇宙观，不论是政治上的还是哲学上的”，但是战乱不是他们能逃避的，总要留有印痕，让他们在这看似不相干的“生趣”里，认识乱世现实的悲喜，认识自己的软弱、渺小，认识人性的自私与乱世里求生的本能，读懂人生的况味。

初听到的开战的消息，给了她们一种可怕又刺激的兴奋，连平日里怕被强奸的月女也跑到阳台上看列兵走过，还叫其他女孩子来看。

宿舍里一个女孩子着急起来："怎么办呢？没有适合的衣服穿呀！"

她是一个有钱的华侨，有适合各种社交场合的不同行头，从水上跳舞到隆重的晚餐，应有尽有，唯独没有准备打仗时的衣服。后来，她借到了一件灰布棉袍，为的是对于头上来回飞的空军不致有太多吸引力。

女人有爱美的天性，即使在战争中也不能被掩盖。有一个女孩子叫苏雷伽，是马来半岛上一个偏僻小镇里出来的"西施"，瘦小，皮肤略黑，睡沉沉的眼睛，白牙微微外露。

关于她的笑话全校里是出了名的，爱玲觉得她"天真得可耻"。她曾对一件事深有顾虑：她选了医科，医科要解剖人体，被解剖的尸体穿不穿衣服？被同学们当作笑话。

苏雷伽也是极爱衣服的，甚至不惜冒着生命危险。有一次，一个炸弹掉在了宿舍隔壁，舍监忙督促大家跑下山去。在如此紧急的情形下，苏雷伽竟然没有忘了把她最爱的衣服整理出来，尽管旁人苦口婆心地劝阻，她还是冒着炮火将那只大皮箱运下了山。

后来，苏雷伽加入了防御工作，在红十字会分所充当临时看护。有一次，她蹲在地上劈柴生火，穿着件织缎锦棉袍，绣着赤铜底绿寿字，虽有些可惜，但也是值得的。

正是这一身身伶俐的装束，给了她空前的自信心，否则她不会同那些男护士混得那么好。她与他们一起吃苦，一起担风险，一起说说笑笑，渐渐地，话也多了，人也干练了，战争对她未尝不是一次洗礼。

宿舍最下层有一间箱子间，黑漆漆的，爱玲和同学们就躲在那里。只听见，机关枪“啪啪啦啦”敲打在屋檐上，像雨点击打荷叶一般。

因为怕流弹，大小姐们不敢走到窗户前迎着亮洗菜，所以菜汤里满是蠕蠕的虫，每次吃饭，都让人有作呕之感。

有一个叫艾芙林的女孩子，内地来的，据她说自己是身经百战，吃苦、担惊受怕惯了的。可是，当轰炸机在宿舍邻近的军事要塞爆炸时，她倒是第一个受不了了，歇斯底里起来，讲了许多恐怖的战争故事，把女学生吓得一个个面无血色。

艾芙林的悲观主义是一种健康的悲观。宿舍里的存粮看着已不多了，她却比平时吃得还要多，还劝别人也努力地吃，因为不久便没吃的了。宿舍的人为了节俭，想试行分配制度，可她却是百般阻挠。她整天吃饱了就坐在一边啜泣，因为得了便秘症。

还有一位叫乔纳生的华侨同学，他曾经加入志愿军上阵打过仗，在他身上，有着年轻人的狂热、偏执和浪漫主义。他脸色苍白，大衣里只一件翻领衬衫，一绺头发垂在眉间，有三分像诗人拜伦。

乔纳生知道九龙作战的情形，让他气恼的是，他们派两个大学生出壕沟去把一个英国兵抬进来，因此也大发感慨：“我们两条命不抵他们一条。招兵的时候他们答应特别优待，让我们归我们自己的教授管辖，答应了全不算话！”

他弃笔从戎之际，大约以为战争是基督教青年会组织的九龙远足旅行，多么“残酷的浪漫主义”。

爱玲和其他大多数同学一样，对战争能不理睬的一概不理睬，死里逃生，沉于色彩斑斓的生活经验中，还是像往常那般生活。

炎樱算是胆子大的了。一个同学原本想去非洲看撒哈拉沙漠，直抱怨战争破坏了计划，炎樱劝她说：“不要紧，等他们仗打完了再去，撒哈拉沙漠大约是不会给炸光的。”

在战火纷飞的街头，冒着日军的轰炸，炎樱竟敢一个人到城里看五彩卡通电影画片。看完电影回来，她独自一人到楼上洗澡，突然一颗流弹打碎了浴室的玻璃窗，她也不在乎，仍然在浴盆里玩着水，唱着歌。

舍监听到歌声，大发雷霆，炎樱还是不在乎，好像在有意讽刺众人的恐怖。

有一件事对爱玲的触动很大，就是历史教授佛朗士的死，这让她对战争的本质和人生的本质产生了困惑。

佛朗士教授是爱玲喜欢的教授之一，他有着孩子似的肉红脸，瓷蓝眼睛，伸出来的圆下巴，头发已稀疏了，颈上系着“领带”，其实就是一块黯败的蓝绸。

他有个习惯，上课习惯抽烟，抽得很多，像烟囱，一团黑柱，直冒青烟。说着话，嘴上永远叨着根烟，险伶伶的，翘板似的 上一下，却怎么也不会落下来。

他顺手将烟蒂子往窗外一甩，从女生蓬松的发髻上飞过，极易着火，不过，每次都是有惊无险。

在爱玲眼里，佛朗士是“一个先生，一个好人”，他的死是“人类的浪费”。

佛朗士先生是被自己人打死的，他像其他英国人一样，被应征入伍。一天黄昏后，他在军营里走，大约在思索有趣的历史事件，太入神了，没有听到哨兵的吆喝，哨兵就开了枪。

爱玲记得，每逢志愿兵操演，佛朗士先生总是拖长了声音通知学生们："下礼拜一不能同你们见面了，孩子们，我要去练武功。"没想到，竟"练"得再也回不来了，而他的死又如此毫无名目，还是死在了自己人手里，这太让人惋惜。

怀着哀悼的心情，爱玲又想起先生的一些掌故：

佛朗士教授是一个豁达的人，爱喝酒。

他已彻底中国化了，虽然不知中国字笔画的先后，但字写得很不错。

他曾和中国教授们一同游广州，到一个名声不大好的尼庵里去看小尼姑。

他在人烟稀少处造了三幢房屋，一幢专门养猪。

他不赞成物质文明，因此家里从不装电灯、自来水。家里仅有一辆汽车，破旧不堪，还是用来方便仆人赶集买菜用的。

在爱玲眼中，先生实在是一个"很有趣""很有个性"的人物。

对先生的学问，爱玲也是相当欣赏的。

在历史研究方面，先生颇有独到的见地。官样文字被他耍着花腔一念，便显得非常滑稽，学生们可以从中感受到历史的亲切感，还可以得到一点扼要的世界观。

本来想从先生那里学到更多的东西，可是，他就这样不明不白地死了。

爱玲常常会想到那颗呼啸而过的子弹，和应声倒地的先生。原来，战争竟是如此残酷！"房子可以毁掉，钱转眼可以成废纸，人可以死，自己更是朝不保夕。"

这是爱玲在战争中感悟到的，在枪林弹雨中，人竟是那么脆弱和渺小，温暖的血肉之躯不敌冰冷的战机长枪，鲜活充盈的思想阻止不了野蛮下扣动的扳机。

然而，大多数人对于战争所持的态度，爱玲曾打了个比喻："是像一个人坐在硬板凳上打瞌盹，虽然不舒服，而且没完没了地抱怨着，到底还是睡着了。"

对大多数人而言，香港只是一个繁华的荒漠，熟悉的陌生，可爱的疏远。香港是中国的地盘，却被英国人统治。对中国学生而言，香港的抗战是英国的抗战；而对英国人而言，香港的灾难是中国的灾难。不管对中国人、英国人、华侨或其他国籍的人而言，港战只是一场天灾人祸似的灾难，至于别的意义，实在不了了之。

香港大学停了课，不久又停止了办公，外地的学生无家可归，不参加"守城"工作，就无法解决膳宿问题。为这，爱玲和很多同学到防空总部报名，做了临时看护。

领了证章出来，却遇到了空袭，他们从电车上跳下来，飞奔至人行道，都挤在了门洞里，满满当当。此刻正是冬天，都穿得厚墩墩的，空气里有一股浓浓的脑油味。

爱玲的眼睛跃过人头，往外看去，一辆空电车孤独地停在街心，周围的人早已跑开了，阳光底下，这辆车却倍显荒凉。

突然，心底一阵伤感，自己竟会死在这群陌生人之间吗？与自己的同胞死在一起，有什么意义呢？这样躲在门洞子里就是尽了防空团员的责任？防空团员的责任又是什么？

还未容她多想，有人大声命令："摸地！摸地！"已没了蹲下的空隙，大家一个磕在一个背上，到底是蹲下来了。

天上的飞机从头顶呼啸而过，"砰"的一声落下了一颗炸弹，她用防空员的铁帽子罩住了脸，黑了好一会儿，才知道自己没有死，炸弹落在了对街。

飞机刚过，一个大腿受伤的小伙子被抬了进来，裤子卷上去，流了点血。但他的心情却不怎么糟，因为此时他成了群众注意的焦点。

飞机继续掷弹，但渐渐地远了。警报解除了，大家又拼了命地挤上电车，唯恐挤不上去，赔上一张电车票。

在围城的十八天里，爱玲吃了很多苦，肚子也填不饱。做防御工作的人员只分到一些米和黄豆，没有油和燃料，各处防空机关都忙着争柴、米，设法活下去。

连着两天，她都没有吃饭，飘飘然上工去。在这里，天上很忙，飞机转来转去地掷炸弹，而在防空洞里，防空人员却闲着没事干。好在，驻扎在冯平山上的图书馆里，可以找些七零八落的小说消遣。

八十多个青年聚集在一起，因为死里逃生，更有一种刺激的生气：有吃有住，又没有外界的娱乐分心；没有教授，却可以随心所欲地看书，诸子百家、《诗经》、《圣经》、莎士比亚——而这正是大学教育最理想的环境。

在那样的情形下，很少有人真正有心思看书，更多地把它当成一个过渡期，读书只是来排解沉闷罢了。

在百般的聊赖中，在阵阵的炮火中，爱玲又读了一遍《官场现形记》《醒世姻缘传》，她一边读着，一边担心会不会有炸弹落下来，这种朝不保夕的经历是刻骨铭心的。

书的字印得极小，光线又昏昏的，可爱玲想，万一炸弹落下来，还要眼睛做什么呢？正所谓“皮之不存，毛将焉附”。

也许，面对战争，人被强烈的恐惧感包围，而人性也更显露得彻底。两千多年前，圣人孔子说“食色性也”，一语道破了人的两大动物性。战争中的人们褪去了一切浮华，生命无法掌控，精神失去了依托，仅剩下了“饮食男女”两项。

一下子，男女生之间的关系变得异常随便、暧昧，调情也变了味，不再是普通的学生似的调情，却是温和中带一点感伤气息。

在宿舍里，男学生躺在女朋友床上玩纸牌到深夜。第二天一早，她还在睡，他又来了，坐在床沿，隔壁便听见她娇滴滴地喊：“不行！不吗！不，我不！”一直到她穿衣下床为止。

爱玲觉得：“这一类的现象给人不同的反应作用——会使人悚然回到孔子跟前去，也说不定。到底相当的束缚是少不得的。原始人天真虽天真，究竟不是一个充分的‘人’。”

人到底还是要有一定的束缚的，太随心所欲的生活，更易误入歧途。

医院院长甚至想到“战争小孩子”（即战争期间的私生子）的可能性，极其担忧。在当时的情形下，这也是防不胜防的，但有时也会神经过敏。

有一天，他瞥见一个女生溜出了宿舍，偷偷摸摸的，手里还抱着一个长形的包裹，他以为他的预见成真了。后来才知，那女生做工换来点米，打算运出去变钱，又因路上流氓多，怕被劫，就将一袋米扮成了婴儿。

战火纷飞的光景里，到处弥漫着虚空和绝望，人们迫切想抓住点什么，因而结婚的人越来越多了。香港报纸上贴满了结婚广告，学生结婚的也有。

“一般的学生对于人们的真性情素鲜认识，一旦有机会刮去一点浮皮，看见底下的畏缩，怕痒，可怜又可笑的男人或女人，多半就会爱上他们最初的发现。”爱玲觉得过早结婚会“限制自己的活动范围”，对于未知欲、交友欲最旺盛的年轻人而言，也是无益的。

爱玲清楚地记得，在那段“围墙在”的日子里，有对男女向防空处长借汽车，要去领结婚证书了。

男人是医生，爱玲揣测他“平日也许并不是一个‘善眉善眼’的人”，但他不时地看着新娘子，眼神里有种近乎悲哀的爱恋。新娘是看护，娇小美丽，红颧骨，很喜气，没有弄到结婚礼服，便穿了件淡绿绸夹袍，镶着墨绿花边。

两人来过几次，一等等上几个钟头，默默对坐，不时对视，满脸的微笑，惹得旁边的学生都笑了。这份承诺，为这战时的悲苦气氛增添了一丝光彩，也为自己朝不保夕的生命注入了一丝快乐的希望。即使炸弹落在房顶，也算弥补了人生的缺憾。

也许在那样提心吊胆、朝不保夕的日子里，爱玲觉得“实在应当谢谢他们能给自己带来无端的快乐”。

后来，爱玲写了成名作之一《倾城之恋》，以战争与婚姻为题材。小说里，香港的沦陷成全了白流苏和范柳原。故事结尾这样写道：

“但在这不可理喻的世界里，谁知道什么是因，什么是果？谁知道呢？也许就因为要成全她，一个大城市倾覆了。成千上万的人死去，成千上万的人痛苦着，跟着是惊天动地的大改革……”

充满宿命的意味，谁又说得清因果呢，一场灾难毁了多少家庭，却成全了他们，真是个不可理喻的世界。

十八天后，仗打完了，香港彻底沦陷了，人的命暂时保住了，这是多么让人兴奋的事。

这群女大学生们可以仰着脸欣赏天上的飞机，而不必担心炸弹会落下来了。她们又开始满街乱跑，叽叽喳喳的，恢复了往日的活泼神采。

为了吃到冰激凌，她们进城挨家店问，只有一家答应明天下午或许有。第二天，步行十里前去践约，仅为了吃到一盘昂贵的冰激凌，里面还全是冰碴子，咬起来咯吱咯吱的。

街上摆满了各式小摊，卖胭脂的、卖西药的、卖牛羊肉罐头的，还有卖荒乱中抢来的西装、绒线衫、蕾丝窗帘、雕花玻璃器皿、整匹呢绒的，好一番热闹景象。

女学生们天天上街买东西，说是买，其实不过是看看而已。在这里，爱玲学会了女人买东西式的消遣方法。

战后的香港，“吃”这个市场重新焕发了生机，困在香港的外埠学生整天讲的无非是吃，成天就只买菜、烧饭。

爱玲说：“真奇怪，一件最自然、最基本的功能，突然得到过分的注意，在情感的强烈照射下，竟变成下流的、反常的。”

因为没有汽油，汽车行全改成了吃食店，没有一家绸缎铺或药房不兼卖糕饼的。

在战后的香港，街上每隔五步十步远，便蹲着个衣冠楚楚的洋行职员模样的人，在小风炉上炸一种铁硬的小黄饼。渐渐地，品种多了起来，又有了试验性质的甜面包、三角饼，还有似像非像的椰子蛋糕。

饮食这个职业仿佛一下子格外受欢迎起来，一时间，所有的学校教员、店伙、律师帮办，全都改行做了饼师。

人们立在摊头上，吃着滚油煎的萝卜饼，尺来远之外就躺着穷人青紫的尸首，大多人却熟视无睹，没一点怜悯和同情心。

自保是人的天性，也许，经历过硝烟滚滚的战争，自身性命都难保，便都顾不上别人了？

只有经历过生死，人才能看透一些事情，悟懂一些至理，知道哪些才是最值得珍惜的东西；只有经历过失去，人才会舍得放下，学会取舍，才会触摸到生命的温度，了悟自己生命的价值。

香港从来没有这样馋嘴过，那些从天上缠绵而至的雨丝，是香港流的“口水”吗？今朝有酒今朝醉，谁知道明天会怎样呢？

“要做什么，立刻去做，不然都来不及了。”这是香港人从战争中得出的教训，也包括爱玲，“出名要趁早”，是啊，晚了便来不及了。

除工作外，学生们还要学习日语。教师是个年轻的俄国人，黄头发，剃得光光的。他的讲课方法很特别，提问都很可笑，也许他幻想尝试一种“语境教学”，又或许，他真是别有企图。

他常用日语问女孩子的年龄，而且肯定不会不知道这是不礼貌的。女孩站在那儿支吾着，他便猜：

“十八岁？十九岁？不会超过二十岁吧？你住在几楼？待会儿我可以来拜访吗？”

女孩子正盘算着如何拒绝，他便笑道：

“不许说英文。你只会用日语说：‘请进来。请坐。请用点心。’你不会说‘滚出去’！”说完了笑话，他的脸涨得通红。

这位先生看了爱玲的画，独独欣赏其中一张，上面炎樱穿着件衬裙的肖像，很活泼，焕发着青春的朝气。他愿意出五港币购买，并且赶紧解释：“五元，不连画框。”爱玲和炎樱哑然失笑，他真的不明白中国女孩的心理吗？倒真是一件怪事。

善良的先生，却不知这种教学方法适得其反。起初，课堂黑压压一片，挤满了人，后来人就渐渐少了，少得可怜。他终于赌气不来了，最后，学校只好又新调了先生。

爱玲觉得，战争这段时间是她绘画上的黄金时代，以后再也休想画出那样的图来。

那段时间，百般地空虚无聊，她又重拾画笔，仿佛回到了圣玛利亚女校时代，那时她常在课堂上偷着画画。

那么多人都值得用文字或画笔记录。比如：那暴躁的二房东太太，斗鸡眼突出像两只自来水龙头；那少奶奶整个的头与颈便是理发店的电气吹风管；像狮子又像狗的，蹲踞着的有传染病的妓女，衣裳底下露出红丝袜的尽头与吊袜带。不论是画还是文字，爱玲总那么一针见血。

后来，如她所愿，从事了“为那些杂乱重叠的人头写注解式的传记”的工作，只是用文字替代了画笔。

回到上海后，她多次拿出战时的画作来自我欣赏。“自己看了自己的作品欢喜赞叹，似乎太不像话。”也曾尝试照着样子再画一遍，但是再也画不出来了。

「 第四节 」

寂寞的病中岁月

那是一个让人厌恶的特殊的环境，污浊的空气、流血的伤口、神经质的病人、扭曲的灵魂……这里的病人多是中流弹的苦力，还有被捕时受伤的趁火打劫者。

病人的日子悠长如白开水，上头派给他们的工作是捡米，除去米里的沙石和稗子，时间久了，这份工作机械而单调。但在寂寞的病中岁月里，他们似乎喜欢上了这份工作，至少可以打发时间。

原来的男生宿舍改成了餐室，里面躺着三十几个病人，沉默、烦躁，又散发着臭气。腿动不了，脑子仿佛也是不动的，因为没有思想的习惯，或者压根儿不想思考。

因为枕头不够高，他们的床被推到柱子跟前，头抵在柱子上，颈项与身体成九十度角。就这样，眼睁睁地躺着，从朝霞满天到夕阳如血，每天两顿红米饭，一顿干，一顿稀。如果不是那间或眨动的眼睛，你会觉得这是一些木头人。

太阳照在玻璃门上，透亮得刺眼，玻璃上糊着防空纸条，经过风雨，也已撕去一大半了，只留下些许斑驳的白迹子，尤其是晚上，深蓝的玻璃上现出影影绰绰的剪影，怪吓人的。风雨的夜里，还会偶尔听到女人断断续续的抽泣声，让人心里陡的一阵寒噤。

可是，爱玲不怕上夜班，她可以坐在屏风后看书，还有特地送来的牛奶面包当消夜。唯一要做的便是，病人大小便，要她们出去叫一声打杂的：

“二十三号要屎乒”［“乒”是广东话，英文 pan（盆）的音译］或是“二十三号要溺壶”。

也许，唯一令人遗憾的是，病人的死亡，十有八九在深夜。

在这样沉闷的空气里，也有一些戏剧性的场景。

有个肺病患者比较有钱，便雇了另一个病人服侍他，常替他外出买东西。后来，医院院长发现了，觉得病人穿着病院制服满街跑，太不成体统，大发脾气，把二人都撵了出去。

这个世界总有不公平，有人高高在上，指手画脚，就会有人低眉顺眼，唯命是从。我们的人格是平等的，无所求，便不会有所惧。

还有一个病人，偷藏了医院的物品在褥单底下，包括一卷绷带、几把手术刀叉、三条病院制服的裤子，后来被发现了。其实，这些东西对他来说有什么用呢？贪婪、占小便宜、自私是人性的反面之一吧。

肉体的伤痛，会不会也能造成心理上的扭曲。爱玲觉得：“每天敷药换棉花的时候，我看见他们用温柔的眼光注视新生的鲜肉，对之仿佛有一种创造性的爱。”

爱玲曾用冷峻的笔调记录过一个病人，心理有些变态的病人。

这个病人的尻骨生了奇臭的蚀烂症，痛苦极了，面部表情却趋近于狂喜，眼睛半睁半闭，嘴张着，仿佛抓挠不到痒处地微笑着。

他整夜整夜地叫唤着：“姑娘啊！姑娘啊！”声音悠长，颤抖着，有腔有调。可是，没人理他。

他不停地呻吟着，声音忽高忽低地在暗夜里回荡着，让人心烦。终于，整个病房的人都醒了，实在看不过去，齐声大叫：“姑娘。”

爱玲不得不放下手里的书，阴沉着脸站在床前：“要什么？”他想了想：“要水”。其实，他就是想有人给他点东西，不管什么都行。爱玲告诉他厨房没开水，就默默走开了。

他叹了口气，安静了一会儿，又叫了起来。他已叫不动了，可还是在哼哼：“姑娘啊……姑娘啊……哎，姑娘啊……”

也许，身处痛苦、孤独和绝望中的人们，需要的只是人们的重视与关怀，就这么简单。

凌晨三点，爱玲的同伴们都在打盹，她出去烧牛奶，抱着肥白的牛奶瓶穿过病房往厨房去，此时多数病人已醒了，眼巴巴地望着牛奶瓶，彼时那是比卷心百合更美丽的。

爱玲来到厨房，用肥皂使劲洗黄铜锅。锅上腻着油垢，工人们曾用它煨汤，病人曾用它洗脸。水冰冷无比，淋到手上像刀割一般。洗了很多遍，仍觉得洗不干净。

她把乳白色的液体缓缓倒进去，蓝色的煤气火焰，铜锅坐在上面，仿佛一尊铜佛坐在青莲上，清静，华丽。

爱玲沉浸在这种温馨的气愤中，感受着难得的平静。可是，拖着长腔的“姑娘啊！姑娘啊”又追到厨房来了，那声音忽高忽低、忽长忽短、气弱游丝，像发自地底的。

厨房只点了一支小小的白蜡烛，风一吹，小小的火焰好像马上会被熄灭，爱玲突然害怕起来，她守着将沸的牛奶，心里发怒，又发慌，同时又对人生充满一种无可名状的幻灭感。

看多了生死伤痛，人是会麻木的吧。

那人还是死了。那天，天快亮的时候，学生将他的后事交给有经验的职业看护，自己缩到了厨房里。对他的死，大家都是高兴的。

爱玲的同伴用椰子油烘了一炉小面包，味道颇像中国酒酿饼，酸酸甜甜的，她却怎么也咽不下。

她想起了那人在暗夜里“姑娘啊……姑娘啊……哎，姑娘啊……”的呼喊声，想起了他望着牛奶瓶时绝望的眼神，忽然觉得，那是一个濒死的人在呼救，而她和他们，却一点点温暖都不肯给他。

现在，窗外鸡在叫，天亮了，他已经死了，不再痛苦，而麻木、自私的人们继续生活，若无其事地。

可以说，在港大的三年是爱玲创作道路的“储备期”，她后来的很多作品都可以在这里找到端倪。从圣校在读，到不久在文坛声名鹊起，这期间的作品有着“质”的飞跃，是与这三年的刻苦攻读及生活体验分不开的。

《沉香屑·第一炉香》《沉香屑·第二炉香》《茉莉香片》《倾城之恋》等，都是以香港或港战为背景创作的。散文《烬余录》更是全面讲述了她在香港读书生活的情景。

对爱玲而言，香港是座有着特殊意义的城市。在这里，她度过了最好的三年青春，这里有她年轻的美丽的梦。而十年后，她再次离开这里时，竟是永别了祖国，开始了四十余年的异国漂泊。

命运弄人，战争毁了爱玲在港大的成绩单，留学成了泡影，她的梦再次被摧毁。

1942 年初，爱玲和炎樱搭上了回上海的轮船，有炎樱的陪伴，她的伤感少了许多。上海，有着她童年和少年时的足迹，有些回忆虽不愉快，但毕竟有一种家乡的亲近感。

坐在船里，望着蔚蓝如昔的海，时光在飞快流逝：

“时代的车轰轰地往前开。我们坐在车上，经过的也许不过是几条熟悉的街衢，可是在漫天的火光中也有惊心动魄。就可惜我们只顾忙着在一瞥即逝的店铺的橱窗里找寻我们自己的影子——我们只看见自己的脸，苍白、渺小；我们的自私与空虚，我们恬不知耻的愚蠢——谁都像我们一样，然而我们每一个人都是孤独的。”

第四卷

倾城之恋／

一半似海水般平静，
一半如火焰般炙热

「 第一节 」

惊鸿一瞥，相识难忘

“这天晚上在月下去买蟹壳黄，穿着件紧窄的紫花布短旗袍，直柳柳的身子，半卷的长发。烧饼摊上的山东人不免多看了她两眼，摸不清是什么路数。归途明月当头，她不禁一阵空虚。二十二岁，写爱情故事，但是从来没恋爱过，给人知道不好。”

时光是最抓握不住的东西。白驹过隙，似水流年，红了樱桃，绿了芭蕉。一年的春一年的秋，一晃眼就过去了。无知无觉地，那个曾经在院子里荡秋千的小女孩已经随着岁月的流逝而长大成人了，飘飞的裙裾变幻成半卷的长发。

时光的细尘在阳光的照射下透明成过往，那个要在金碧辉煌的礼堂里演奏钢琴的梦早已渐行渐远了，而她的天才梦却是早早地实现了。

然而每个女孩心中都会有所向往的浪漫爱情似乎还与她遥遥无期。她细密的心思越积越多，交缠成了网，缠绕得人要窒息，同时却又是空荡荡的无边的寂寞，像洞漏一样别致地错落着，偶尔捞捕上来的几条小鱼也并不是鲜活地活蹦乱跳着，似乎它们也在静默地思索着——写爱情的人呵，你的爱情何时来呢？

岁月是件奇异的东西，只是这样喃喃地在心里轻声呓语，却似乎是给人听了去，听去的那人又似乎是要还她的愿似的，不久之后她的爱情便“如约而至”了——来得那么突兀，又那么自然，恍惚间竟连她自己都要忘了这竟是她的初恋了——她总是这样无知无觉地便一语成谶了。

他们是先相识，而后再相逢的。

他们的相识，大概是对半，无所谓追求；又大概是他走了六步，她走了四步的。在那一方小小的“天地”里，没有蓝天白云，没有鸟语花香，没有溪水潺潺，没有泉水淙淙，多的是黑黑静静的文字，密密麻麻、齐齐整整地框列在陈年的岁月里。

那个岁月，并不静好，现世亦自是不安稳，并不是适合爱恋的岁月，倒是兵荒马乱、时局动荡的。然而那个来自浙江风流成性的情种男子无意间的一瞥，便像是惊鸿一般，再难忘却了。

1944 年春，胡兰成在他南京官邸的院子里消闲时光。春天的太阳总是懒洋洋的，叫人提不起精神。胡兰成就这样躺在庭院中的藤椅上，看着苏青寄给他的《天地》杂志，眼皮下垂，眼光游移着，随手翻着纸页，散散漫漫。几乎就在他浏览得快要倦怠与烦厌的时候，张爱玲的《封锁》闯进了他的视界。

他一下子从老藤椅中坐起来了。经年的老藤椅摇摇晃晃，身子颤颤巍巍、吱吱嘎嘎地作着响声，引得弥散的阳光也颤动起来，庭院里的细尘在阳光下四下翻飞，似乎也在为这篇文章感到诧异，为这个作者感到惊艳。

而胡兰成丝毫没注意到这些，他完完全全被这篇奇异的文章吸引了。其时胡兰成正是汪精卫政府的宣传部副部长，整日里舞文弄墨、纸上谈兵，对政治的敏感度极大，而对小说这类纯文艺的东西却是断断没有兴趣的。独独是张爱玲的文笔，他才看了几行，却整个人都惊觉起来，甚至都要跳将起来了。

他满怀着不可抑制的惊喜与激动，一口气将《封锁》读完了，还不够，反反复复又从头到尾看了好几遍，真真是一个刚从沙漠里走回来的人——连日的饥渴已经使其体力不支，毒烈的日光更使其晕眩，眼见得一口清清凉凉的水塘就在眼前，便一头扑进去没命地喝起来，简直是要整个人都栽进去了。

那还不够。

他即刻是发了雄心的了，他要开渠引水，将这半亩方塘里的水化作涓涓细流涌进沙漠。他的信心奇异地满着，他要让这圣水渗进整个沙漠，将干松的沙子都化作细密黏腻的土，好让它从中生长出芽来，渐至成参天大树，枝叶繁茂，蓊蓊郁郁，遮蔽了那毒辣辣的太阳，他要让世界舒爽，使天光云影共徘徊。这么想着，他几乎都能觉着迎面而来的带着青草的腥香的风了。他觉着心旷神怡。

于是，他即刻便干了起来。他去信问了张爱玲的好友苏青她的情况，又写了评《封锁》的文章，里头自都是溢美之词。随即又翻找出张爱玲的其他作品，无不一一阅读。只要是张爱玲之作，看着“便皆成为好”。读时既想狼吞虎咽饕餮一番，又唯恐错漏细节想细嚼慢咽细品慢读，搅得胡兰成好不心烦。每找到一篇她的文章，既像寻获珍宝般小心翼翼欣喜若狂，又像是兵临城下大难当头，不知该欢呼雀跃还是该抱头鼠窜。

看着看着，他倏忽觉得紧张了——这似乎是生平第一次有人让他可以这么狼狈与凌乱，这个素不相识的人，仅仅只凭着文字，便将他击得一败涂地了。他忽然觉得迷惘：遇上这样一个人，是幸运还是不幸？该倾心还是该较量？

很多时候世事像海藻，你不触碰它的时候，它们仿佛是虚无缥缈遥不可及的——生长在你不曾去过的遥远的大海里，随着浪，一来一去，游移不定，变幻舞姿。即或是你看见了，伸出手去尽力抓握了，它也许仍是调皮地滑溜溜地便跑出你的手掌心了。待你不死心，再去狠狠搜寻时，一把抓住了一大把，然后你再牵扯着将之往外拉，它们便一个连着一个地来到你跟前了。那时你该是要惊异于这海藻的庞大了。

胡兰成对于张爱玲的渴慕即是这样的吧——他的运气是不赖的，不久便在《天地》上看见了张爱玲的相片。那时张爱玲年方廿四，尚不像我们后来印象中的那个穿着紧身旗袍、手叉着腰、高傲地昂着头，充满着成熟女人气质与贵族风范的张爱玲——那张相片上，她淡淡地笑着，没有浓妆艳抹，脸部的线条饱满而圆润，整个给人一种疏朗温婉的感觉。

很多年后的我们再来看这张并不算太清晰的黑白相片，都还是能隐隐嗅出当年的张爱玲的味道。在胡兰成看来，这虽不算得极端的美貌，但总还算是合意的。

然而正当他设想的那片荒漠已成森林，就差人进去惬意地躺一躺，享受阴凉之时，乌云笼罩了过来，牢狱之灾降临了。

彼时在张爱玲的世界里，时光正恬恬淡淡又轰轰烈烈地流过。在爱丁顿公寓里，她和姑姑的日子日复一日，像所有其他小市民的日子一样，她们俩也会家长里短，窸窸窣窣，说些旧时光里的事。同时时光又恬淡宁静，细水流长，恰若似神仙洞府，世外桃源，不问世事；在公寓之外的上海，则到处都听得见她的声名在闹哄哄地响。她的文学之花花开遍地，姹紫嫣红，开得整个世界都亮堂起来，蜂蝶一片嗡嗡，整个上海都几乎要成为她的后花园了，唯独她自己却遁隐在这花园之外，自成一个秘密花园。

也闻听有个搞政治的中年男子对自己有过盛赞，并且是“一回又一回傻里傻气地高兴”，因此也不免得多了几分好感。有时张爱玲也同她的好友炎樱打趣，说他是“这时代的笑话”。但那时的张爱玲哪能料得，这个人竟是自己一生的宿命。

没过多久便听苏青说起他的入狱。这个对政治素来漠不关心的女人，竟也鬼使神差般地随苏青一道去周佛海家走动，希望对方可以对胡兰成出手相救。

就这样，两人虽未相逢，却已相识。

苏青与她的《天地》实实在在成为胡张二人的“缘分天空”，此后的生发演绎，既要归功于它，也免不了归罪于它。

她们俩的奔求并未有结果——这是自然的，想那周佛海是胡兰成的宿敌，不落井下石、乘人之危已是难得，岂有肯于施手搭救之理？这也正看出了张爱玲的天真之处。她就是这样的，真真的人，真真的性情，真真的文字。也许也正是因为这样，她才那么容易陷入感情的旋涡里，而且一陷进去，就再也难以抽身——相比之下，胡兰成倒几乎是全身而退的。当然，这都是后话。

然而胡兰成因着日本人到底还是给放出来了。说起来胡兰成此前也多有牢狱之灾，但这次汪伪政府与日本人形成鲜明的态度，使得他逐渐靠向了日本人，当年一时还曾起过的去当红军的念头早已被抛诸脑后，他是要彻底地当文化汉奸去了。此时的张爱玲哪里知道，就是这样的一个汉奸，日后将使她背上沉重的枷锁。

出狱之后，胡兰成便向苏青打听张爱玲的地址，而后便离开南京，取道上海专程拜访张爱玲来了。相识许久之后的第一次相逢，便在胡兰成的心里酝酿开了。

心思一点一点地积密，积成晴空里的一片云。张爱玲蔚蓝得水晶一般的晴空里，原本透明、干净，现在因了这片云，有了点染，也未尝不是件好事，但这片天空毕竟不再是白纸一张了，这片云，来了就再难轻易地挥去了。

他要翻云覆雨。

「第二节」

相逢是首欢快的歌

又是一年除旧迎新的爆竹，喜庆的“噼噼啪啪”声里，爆竹的红衣散落一地。声响过后的世界里，硝烟的味道还未散尽，薄雾若隐若现地笼罩在大地上，新的一年刚刚开始。

然而外面世界的欢喜与躲在公寓里避世的张爱玲是毫不相干的，甚至可说是格格不入的。张爱玲与她的姑姑张茂渊两人在闹市的公寓里过着与世隔绝的生活。她说，公寓是最理想的避世的地方。

1944 年 2 月 4 日，新年刚过去十天。

这天正是立春的前一天，正是大寒的天气。张爱玲依旧像往常一样，疏懒地在公寓的房间里开始她一天的生活。然而少有人拜访的公寓此时却响起了令人意想不到的敲门声。

张茂渊应声去开门，却见一个头戴礼帽、身穿黑色呢大衣的中年男子伫立门外，嘴里还不断歇地哈着团团白气，脸上挂着一副与他这个年纪并不相称的焦急与渴慕。其实彼时胡兰成心里也在暗暗地忐忑与较劲——苏青在给他地址之前几次强调“张爱玲是不见人的”，这难道会是真的吗？

待他道明来意之后，开门的女人果真是说了“对不起，张小姐是不见人的”。胡兰成即刻便是失望的了，但他哪肯死心，从身上掏出纸笔，写下自己的身份地址，托他转交给张爱玲，并彬彬有礼地说了句“请代我向张小姐致敬”，方才转身离去。

回去路上，胡兰成心里不是味，思绪如翻江倒海般翻滚——苏青到底是说的实话。他与苏青二人本已不是一般的朋友之谊，他向苏青要其他女子的地址，且毫不掩饰对这位女子的倾慕，就连来上海，苏青以为是为她而来，谁料得谈话间句句不离张爱玲——如此这般，苏青自是有理由百般回绝，想方设法不让他与张爱玲见面的。没想到这竟是真的了。

胡兰成有些许悔意与丧气。苏青之前，胡兰成已有发妻唐玉凤，并育有一子启儿，一女棣云；在外求学谋事之时又与同学斯颂德的妹妹雅珊关系暧昧；玉凤死后，胡兰成在广西一中教书期间又与女教师李文源有过纠葛，并因此拖累对方被解雇，而当对方提出跟随他时，他却又以“不宜家室”为由弃之不顾；被解雇后转至百色第五中学教书的两年期间，与全慧文相识并结婚，且又育有一子宁生，一女小芸；而后又在上海百乐门结识红舞女小白杨应媖娣，后将其接回南京作为如夫人。

这样算来，至张爱玲之前，与胡兰成有过纠葛的女子已不下六个。甚至可以这样说，只要是胡兰成看上的女子，莫有能逃出其手掌心的。胡兰成对自己的才情亦是十分自知与自恃的。

对于张爱玲，虽说一开始的相识是因为她的文章，但也免不了对于其人的“非分之想”。想自己也是才高八斗、风流倜傥，又常与当局打交道，算得是有点权势地位，这个女子竟毫不为所动，叫自己与旁人一样吃了个闭门羹，这不免叫胡兰成有些不甘与丧气，于是也就更好奇起张爱玲的为人来——究竟是怎样的一个奇女子，文思敏捷，才情超绝，样貌端正又如此与世隔绝？她的与世隔绝究竟是出于习惯，还是出于高傲？她看到字条之后会有所回应吗？她对自己有所耳闻吗？有机会再相逢吗？

一切的疑问在胡兰成回去的路上还同这天气一样正是大寒，阴阴森森的天，凛凛冽冽的风，疏疏落落的枝丫。抬头想要迎上冬日里温软的阳光，却发现青天白日仍是遥远。

然而世事往往就是如此诡异，你前进一步，它便后退一步；你后退了，它反向前——仅只隔一日的工夫，张爱玲便来了电话，说要到胡兰成府上来拜访。

那边厢，张茂渊拿了字条返身回房后已是惊讶不已。她虽是同张爱玲一样不常出门，但相比于张爱玲她毕竟是一个涉世已深、颇有见识的成年人，对胡兰成也是多有耳闻。对于他的风流韵事倒未必知道，但可以肯定的是知道他是汪伪政府的官员，心里当下就是一惊。这样一个素无交集的政客，找张爱玲做什么？

但张爱玲却不是这样想的。当她知道姑姑手里拿的字条竟是胡兰成写的之后，又惊又喜。当下她便拿着字条翻来覆去看了又看，看那上面端端地署着胡兰成的名，还留了电话号码，虽也震惊，但自是喜悦的。再细看那上面的字迹，也是合心意的。

于是虽未见着这人，就着那字迹以及先前的听闻，心里便兀自地勾画出一个活泼泼的形象来，在那毫无杂色的雪白的背景上，这形象越来越清晰，最后竟像要脱了出来径直向张爱玲走过来点头微笑了。

张爱玲忽然惘然了，她不知道为什么竟会有这种感觉。以她的性格，就连自己的亲弟弟张子静来也不曾有过情感上的波澜，那一方深邃不可见底的汪洋自顾自地平静着，有什么东西跌落进来，海面一般宽广的血盆大口瞬间便将他吞灭了，深邃的海水里即便是鲨鱼在游动，水面也还是一览无余地安稳，今日为何竟被这素昧平生的胡兰成搅扰了心思呢？此时的张爱玲怕也是惶惶的，一如当时胡兰成深陷进她的文字里不可自救。

也许这便是命运吧。

接下来的一日长得似乎过不完，又短得似乎一眨眼就过去了。东方的鱼肚白刚刚被朝霞烧红了脸，正中午的太阳还没上中天呢，落日的余晖便悠悠长长地从公寓的窗户里斜射进来，拉长了一切物品的剪影，似乎在告诉你：要赶紧了，再不决定，就来不及了。一如梳妆台上的胭脂扣，似乎还没打开呢，一晃眼又合上了，至于里头的红晕，谁知道上没上脸呢？

张爱玲又何尝不着急？她犹豫着、徘徊着，考量着要怎样回应这次并未成功的拜访。要只是旁人，罢了也就是罢了，但他是胡兰成——张爱玲想见他。但既已教人家吃了一记闷棍，岂有再叫人回头来的道理？就算是自己开得了这个口，哪怕是叫苏青代为传达，人家也未见得还愿意来——退一万步讲，即便是来了，怕也是讪讪的，要不就是不情不愿、躲躲闪闪，要不就是小心翼翼怕再被击一记闷棍。

那么，没法再叫人回头来自己这里，便只有自己去拜访了吗？似乎除此以外也无他法可想。先不说自己要放下了身段去别人家里拜访，这“别人”还是个从未曾打过照面的人，但就她要找着这地址也是件难事——小时候和母亲住在一起，同一条路坐黄包车来来去去三年都还是不认得。再有，张茂渊并不赞成她同胡兰成这样有着复杂日伪背景的人来往。但是经过反复的思量之后，张爱玲还是决定迈出这主动的一步——先去拜访胡兰成。

于是就在胡兰成魂牵梦萦之时，张爱玲的一通电话将其“惊醒”——那果真是她吗？她果真是要来了吗？胡兰成总是觉得这像个梦一样，太美好太意外，不敢相信。

然而即刻，这个“梦”便确定无疑是真的了——他几乎是连准备的时间都没有。门铃一响，他即刻便去开门了。

几乎就在开门的同时，这个梦破灭了——站在面前的这个几乎是未成熟的女学生都要及不上的生涩小女孩子，竟就是相片上那个温婉如大方之家的千金吗？就是那个织出如此细腻严密之文网的作者吗？一瞬间胡兰成竟是感到失望的。因为先前对她的期望太高——既是因为先见了她的照片，对她的印象先入为主了，又是因为对她的文笔有太高的激赏。

此时的张爱玲在阅人无数的胡兰成面前，幼小得有些近乎可怜了。她瘦瘦高高，身高与样貌已是极不相称，偏又穿着一件与自己身材极不相称的外衣，表情似是不安与困窘的——“她的神情，是小女孩放学回家，路上一人独行，肚里在想些什么心事，遇见小同学叫她，她亦不理，她脸上的那种正经样子。”

胡兰成惊了一惊——倒不是因为此时的张爱玲显现出来有多么的高贵、多么的高傲、多么的盛气凌人，而是这样的人在他的经历中是前无来者的，他不知道该如何应对——即刻便将她让进了客厅。

看着张爱玲坐进了客厅的沙发里，胡兰成表面不动声色平平静静，心里却是觉得："张爱玲顶天立地，世界都要起六种震动，是我的客厅今天变得不合适了。"而张爱玲也觉得胡兰成"眉眼很英秀，国语说得有点像湖南话，像个职业志士"；但于胡兰成，却是描画了再描画，既想使他对她的全部印象都陈列在公众面前，又似乎担心其他人看懂了他对张爱玲与众不同的欣赏视角，于是写得既是含含糊糊的，又是疏疏朗朗的。

两人的第一次相逢竟就是这样的光景——双方都还未开口，肚里已有了"满腹经纶"。张爱玲是作何想的，我们已无从知晓，但是从胡兰成的念头里，我们完全可以确定，这样一个绝无仅有的女子，虽然还并没有怎样地表现她的过人之处，已是令胡兰成不能自持——奇异的女人到哪里都是奇异，即使你已见惯了奇异的东西。

"张爱玲很高，不漂亮，看上去比我叔叔还高了点儿。服装跟人家两样的——奇装异服。她是自己做的鞋子，半只鞋子黄，半只鞋子黑的，这种鞋子人家全没有穿的；衣裳做的古老衣裳，穿旗袍，短旗袍，跟别人家两样的。"这样的"两样"使惯见了风花雪月、比张爱玲大十四岁的胡兰成打心眼里认为："我常时以为很懂得了什么叫惊艳，遇到真事，却艳亦不是那艳法，惊也不是那惊法。"

心里想了许多的东西，却见张爱玲坐在沙发里不知所措，于是胡兰成先开口解这窘境。其实也是有另一层用意——他要与张爱玲较量较量，"我竟是要和爱玲斗"。

于是他率先开口了，并且拿出自己三十余年来所积累的看家本领来让张爱玲见识，好让张爱玲知道，她眼前这个男人，虽是对她颇为钦慕，他自己亦不是凡夫俗子之辈。这大概也是使张爱玲身陷其中不可自拔的原因之一吧——一个二十出头不谙世事、不设防的女孩，初次来见，未计算任何东西，却要面对一个几近不惑之年的“情场老手”，将自己最引以为傲的本领几乎是浑身解数都施展出来的攻势，怎能不败下阵来？

可悲的是，这一次将她俘获了还仅仅是个开始，往后的战役，一场比一场打得惨烈。然而结局虽是胡兰成胜了，但胡兰成是看家本领倾囊而出，而张爱玲只不过是随口轻轻巧巧云淡风轻的几句话，就足够让胡兰成心惊，暗自觉得招架不住了。

其实从一进门两人的相逢开始，便是这样。张爱玲并未想得进攻，却已是千军万马兵临城下，地动山摇攻城拔寨而来；胡兰成从一开始就只有招架之力，绝无还手之功。所以即或要说是胡兰成胜了的，也是胜得狼狈。胜只胜在以老谋深算对不谙世事，以城府对盲目。这样的战役，这样的胜负，胡兰成胜之不武，张爱玲虽败犹荣。

对于我们而言，只有叹息；对于当事人而言，个中深味，只有自己能体会了。

这次谈话一开始竟难有收势，整整持续了五个小时之久。可见这次相见对双方都是相宜的。他们谈了对张爱玲作品的理解，对写作的理解，甚至是对恋爱与战争的理解。各自有显山露水之处，各自又欣赏对方。这第一次相逢还未完结，两人都已几乎将对方引为知己了。

来时还是青天白日，生分得紧；走时已是月上柳梢，互为知心了。

晴空里的那一弯明月，脉脉不语，但径自含着一番笑意，它也在祝愿天下有情人终成眷属。

「第三节」

相知千丈红尘里

相识既是偶然，相逢更是意外。两人一是“冲冠一怒为红颜”，一是“女为悦己者容”。心灵上的吸引是世间最美妙的事物——刚刚还是莲花的径自开落，转眼已是“早有蜻蜓立上头”了。微风吹拂而过，莲叶何田田，放眼望去，身在其中的人都懂得——景色这边独好。

既是为礼尚往来之故，更是应“红颜知己”之约，次日胡兰成便回访了。

这次的心情不像上回，忐忑难安，带着对未知前途的未卜与冒险之心，是焦急而担忧的，连天气都是阴阴地应和着；这回胡兰成心里有足够的底气，也知道张爱玲在家中等候，断断不会再闭门谢客。且上次晤面尚有满腹话语未能说完，因着天黑之故不得不中断，这次又生了满心的话要倾诉，心里又是焦急又是喜悦。

张爱玲的来访就像是他高中了状元一般，竟是春风得意马蹄疾，一日看尽长安花了。尽管今日也一样是阴云天气，沿途的风景在平日里看来不过是冬去春未来的萧瑟与荒凉，但当下竟无端地平添了许多的喜庆与春色，似乎天地万物对于他而言都是喜笑颜开的了。

这次的来访途中，胡兰成对张爱玲的看法已同第一次相逢之时大有不同。之前只觉得她是个怯怯的未成熟的小女孩子，各处比例也是极不匀称的，然而经过那五个小时，胡兰成面前的那个小女孩已是高大了许多，甚或可说是伟岸的了——无论是身高、思想，还是才情。

原先在他看来那极不相称比一般男性还要高出的个头，现在却成了她的才思比一般男作家还要高出一头最好的见证；原先他还难以接受的奇装异服，现在对他来说是她富有创造力的产物；原先她的手足无措、扭捏青涩，现在则是内敛、才不外漏的安静个性的象征。

总之，世间事物大抵这样——情人眼里出西施。爱你时，一切美好；不爱时，世界灰暗。彼时的胡兰成，虽不能说已爱上张爱玲，但爱慕之心已是渐起，毕竟以前接触的那么多女人里面，能引起胡兰成内心共鸣的，只有张爱玲一人。虽然张爱玲的相貌对他来说并不那么合意，但他也明白人无完人，鲥鱼味美而多刺，海棠色艳却无香。才情如此之高，亦可弥补所有其他一切的不合意了。

张爱玲则为了胡兰成的到来，也是颇费了一番功夫。先是对姑姑的不满多加解释与安抚；再则是精心地打扮了一番，不像昨天贸贸然地便去了——正所谓女为悦己者容。除此以外，还特意戴上了嫩黄边框的眼镜，“越显得脸儿像月亮”了。

胡兰成见到如此装扮的张爱玲，又是一番惊奇。仿佛昨天的回忆还没来得及咂摸出味儿来，今天的伊人却又是别有一番风味了，一时都还来不及回神。

然而这次的晤面胡兰成却是紧张的。一是昨日已见识了张爱玲的才情，言谈之间断不敢掉以轻心，稍有错漏亦是败笔。二是环视了张爱玲的家居装饰，简约而不简单，颜色鲜亮而不刺激，“阳台外是全上海在天际云影日色里，底下电车当当地来去”——实有贵族之风范；再加之也听闻张爱玲家族显赫，系名门之后，相形之下自己不过是出身于农村的一介书生，向来自恃的才情在她面前又全无胜算，心里难免有所落差，几乎是不自信的了，于是便稍显拘谨。

这样的不自信在后来他夸赞张爱玲房间的布置时仍然有所流露——三国时刘备到孙夫人房里去竟然胆怯，而张爱玲房里亦有这样的“兵气”。不过这样的拘谨很快便被言谈的欢洽给冲散了，两人很快便又进入忘我之境。

这回，胡兰成问起了张爱玲的家世，而张爱玲仍是一如既往地不设防，将自己所知道的都和盘托出了。这边诉说完张爱玲的家世之后，那边胡兰成也将自己的遭遇细细道来——自然，多说职事，而绝少谈及自己曾经染指的女人。

谈及此次入狱，方知张爱玲原来是同苏青一同到周佛海家相谋营救之事的，于是对张爱玲更增好感，几乎是感动了。问及为何如此“天真”，张爱玲的回答却意想不到地引出了她那段不堪回首的往事——“因为我也被囚禁过，所以深知其味。”

不一刻，张爱玲便将自己被生身父亲毒打并囚禁半年之久的经历诉说给胡兰成听了，引得胡兰成又是惊又是怜，兀自难安，叹气感喟。

两人虽都是经历囚禁，但性质却是大相径庭。一个是监狱，虽失自由，但无人动刑，免于皮肉之苦，且一干好友人脉在外奔走相救，当局亦是审时度势，爱才惜才；而一个却是被至亲之人毒打之后囚禁于至亲之地，生病数月无人问津，姑舅意欲相救未能得成后再无行动，剩下何干老弱媚主亦是难以相救，最后总还是靠了自己胆战心惊地逃了出去。

对此，胡兰成亦是心知肚明。他几乎都能想见，那种在逼仄的空间里，病恹恹有气无力，难以行走又无人问津的苦楚。外面的世界与自己是毫不相关的，连天空亦只是同一方天空，毫无变换。雨日是阴森的，哪有听雨的情趣；晴时亦只是绝好的讽刺，外面世界熙熙攘攘，囚禁之处却只是萧疏的阳光；天空里连日隆隆的飞机轰鸣声，也只是更显得自己形单影只；连平日最爱的月光，也成了张牙舞爪的阴森可怖的最好陪衬。

世界是全然失却了颜色的——只剩了对囚禁之遥遥无期的绝望，对生的绝望，对亲情乃至人世间感情的绝望——“即便是在最亲的亲人之间，不但会发生形同陌路的冷漠，也会发生极度的仇恨。”

这对张爱玲整个的人生来说无疑是造成深刻的无法磨灭的印记的，痛楚的印记。大约《半生缘》里曼桢被姊姊、姊夫囚禁的那一段可以写得如此动人心魄，也是因为有这样的亲身经历吧——同是囚禁，同是抱病，同是被最亲的人伤害。

生命果如一袭华美的袍，爬满了虱子。

于是，胡兰成对张爱玲更加又是怜爱又是佩服了。

我们大都有这样的体会——一旦两个人之间不再止于客套抑或

说是礼节性的谈话，开始互诉衷肠互表身世，把自己人生中最不愿意对人提起的往事都和盘托出之后，这两个人的距离瞬间便近了，同性之间或成兄弟姐妹，异性之间或成知己情侣——世间之事，大抵如此。

张爱玲对胡兰成的这一番诉说，使得胡兰成心里竟生出无端的异样的责任感与使命感来——仿佛面前这个女子，是需要自己花大心思去保护的。胡兰成立刻觉得庄严与神圣了。

总也是张爱玲的身世勾起了胡兰成对自己往事的回忆，于是他也对张爱玲细细表其自身的经历。其中亦提及后来使他的人生观发生重大转折的玉凤之死与生母之死——“对于怎样天崩地裂的灾难，与人世的割恩断爱，要我流一滴眼泪总也不能了。我是幼年时的啼哭已还给了母亲，成年后的号泣已还给玉凤，此心已回到了如天地不仁。”

张爱玲对于人情的淡漠与胡兰成的“如天地不仁”自是两种性质，就连张爱玲自己后来也说：“你是对人生易生感激，却难得满足。”但在当时两人正惺惺相惜之际，这无疑是拉近两人距离的有力武器。

哪怕是在后世之人看来，两人亦多共通之处——同是才思敏捷，绝无仅有；同样的对于事情的看法没有既定的成说，全凭兴之所至；同属不能归类，只能单列的作家，又不仅止于作家，难以将其定性；同样的对人事的淡漠；同样的富有传奇色彩的人生。这或许也算是对“于千万人之中遇见你所要遇见的人，于千万年之中，时间的无涯的荒野里，没有早一步，也没有晚一步，刚巧赶上了”的一个注解吧。

两人互剖心事之后，只觉得对方就是所要找的人了，完完全全地将对方引为知己了。只是可叹的是，张爱玲如此真实，毫无隐晦与保留；而胡兰成虽也谈及自己的身世，毕竟多有隐晦——两相比对，真真要为爱玲叫屈，真是一个活生生的“我本将心托明月，谁知明月照沟渠”。

然而飞蛾扑火之时的感情，又哪顾得了这许多呢？只是奔着这亮光与温度，便义无反顾了。这便是张爱玲了，一如她一贯所坚持的——无目的的爱才是真正的爱。

胡兰成走后，张茂渊只做了这样一句评价：他的眼睛倒非常亮。再无其他。

这之后，两人更是频繁往来，互通书信。当日回住所之后，胡兰成便提笔写了一首充满热诚的诗给张爱玲，而张爱玲的回复则更动人——“因为懂得，所以慈悲。”

之后胡兰成更是隔日必定去一次张爱玲的公寓，相谈既甚欢，便全无去意，连张茂渊都快沉不住气了。她找张爱玲谈话，劝诫她，但又全然没有用，于是渐渐地变得“不大说话，像大祸临头一样，说话也悄声，仿佛家里有病人”。

两人渐渐地都开始“喋喋不休”了。苏青曾对胡兰成说过，恋爱要用眼，而不是嘴，但此情此景中的胡兰成哪里还记得这样的话语，只顾得与张爱玲诉说不尽。张爱玲则更是絮絮不休。大约人都是这样的吧——沉默时兀自地沉默，且外部世界愈是喧嚣，他愈要与之抗争似的不语；待到觅得知音，便像是伯牙子期，高山流水之音不觉了。

张爱玲过去二十多年来的沉默与压抑，现在像寻找到了出口似地爆发了——她像个得胜的小孩子一样，将生平里经历过的大事小情全都从尘封的时光隧道里拦截下来，双手端端地捧到胡兰成面前，叫他看。

他若是看了，并且因之多说了几句话，她便要开心很久，像个得胜的小孩子一样。

她是那么容易满足，乃至于后来两人恩断情绝之后，有一夜她忽然梦到了他——“当时的彩色片还很坏，俗艳得像着色的风景明信片，青山上红棕色的小木屋，迎着碧蓝的天，阳光下满地树影摇晃着，有好几个小孩在松林中出没，都是她的。之雍出现了，微笑着把她往木屋里拉。非常可笑，他忽然羞涩起来，两人的手臂拉成一条直线，就在这时候醒了。”——二十年前的影片，十年前的人，她醒来快乐了很久很久。遥远成影片的回忆尚能让她快乐至此，当下胡兰成就在身边的喜悦便可以想见了。

她渐渐地不光是说，还将自己平日里珍藏的“玩具”都拿出来一一陈列在胡兰成面前，连带着诉说它们古老的历史。

两人的谈话也早已从客厅挪到了张爱玲的闺房，房门是紧闭的。虽然家里各间的房门向来是主张闭合的，但一开始张爱玲还是觉得窘，姑姑也是皱着眉头怪他天天来。但到后来慢慢地也便习惯了，习惯于两个人封闭的空间与一开始便不知何时能结束的时间，习惯于永远只看见胡兰成的半侧面，“看着他背着亮坐在斜对面的沙发椅上，瘦削的面颊，眼窝里略有些憔悴的阴影，弓形的嘴唇，边上有棱”。

时光流逝，并不久的日子，时间却是要按着秒来算的。时钟的声音滴答滴答，渐渐地将张爱玲心里所有的武器都卸下、软化，一如孙夫人最终将满房的兵器移易。指针一圈一圈地轮回，张爱玲的防备、自尊与骄傲也一件一件地脱落，到最后终于是赤条条地一丝不挂了，只剩了一颗鲜红饱满的心，在胡兰成面前兀自扑通扑通地跳着，越来越快，越来越乱，连张爱玲自己都觉得惊讶。

他终于彻底地将她俘获了——当初不动声色便可以轻易地在胡兰成那里攻城拔寨的她，渐渐地吃力起来；及至双方平手；及至胡兰成坚壁清野，不为所动；及至胡兰成频频扰乱边境；及至他可以轻易地攻城略地，所过之处，民不聊生；及至张爱玲风声鹤唳，草木皆兵了。

胡兰成的空城计最终是唱得成功的，这倒不是因为他的琴声有多高深，而是因为对手太天真——她本可以一举进攻，使他全军覆灭，然而她没有；她本可以全身而退，保存兵力，然而她亦没有；直至最终她中了埋伏，丢盔弃甲，毫无抵抗之力了，便也心甘情愿，心悦诚服了。真真是兵败如山倒，不错的——更何况张爱玲的兵，都是些最要不得的娘子军。

「 第四节 」

与你在最深的红尘相恋

真正城墙的倒塌，虽是不知哪里已有裂缝，或是不知哪只白蚁先带的头啮噬，总是开了坍塌的先河的；然后断断续续地裂了多处；然后渐至砖块谢落，然后某一处率先地断裂了；到最后虽没有给人以致命的一击，却总有轰轰然天崩地坼的一刻。许是些微的风吹雨淋便能将之轻易地瓦解了——看似根深蒂固或是庞然大物，只要触中核心命脉了，剩下的便已然是水到渠成的了，当初裂缝里长的青苔或是野草，谁还记得呢？

他们的相恋，并没有真正意义上的相求与告白。要说相求，无时无刻不在；要说告白，一举一动皆是，叫人难以界定。

从最初的平等到不平等，大约是可算作真正的相恋的开始的吧——这样的相恋，自是于张爱玲来说。

这是源于一次鸡尾酒会，胡兰成约她去的。“她戴着淡黄边眼镜，鲜荔枝一样的半透明的清水脸，只搽着桃红唇膏，半鬈的头发蛛丝一样细而不黑，无力地堆在肩上，穿着件喇叭袖孔雀蓝宁绸棉袍，整个看上去有点怪，见了人也还是有点僵，也不大有人跟她说话。”正自无趣的当儿，她看见他坐在沙发上跟人说话，第一次看见了他眼里轻蔑的神气，很震动。她忽然便沉沦了，她觉得她崇拜他，像一个女人在审视另一个女人对另一个男人的心理一样——她崇拜他，为什么不能让他知道？

忽然周围的一切都安静下来了，没有了声息，就像电影进行到了最激烈的地方，忽然便出现了慢镜头，慢慢地将画面拉长，拉长，几乎要叫人屏住呼吸。而正是摄人魂魄的当儿，悄无声息地，一切便定格成一帧画面。然后要么是戛然而止了，要么是急速地回转到原来的地方。现在，她便是定格了。

定格了很久，她的脑海里急速地缠杂出许多的画面与譬喻来——“等于走过的时候送一束花像中世纪欧洲流行的恋爱一样绝望，往往是骑士与主公的夫人之间的，形式化得连主公都不干涉。”当然，这只是她心里的奇异想法，并没有对他说出来的，那时候大约连她自己都震惊，还回不过神来，又怎能说与他听呢？

至此形势是完全逆转了的，一开始她使他回不过神的气势已经丧失殆尽，而他使她回不过神的气势却是步步紧逼，愈来愈盛气凌人的了。

然而情形不同的是，当初她是还清醒的，还有招架之力的；现在她则被完全地冲昏了头脑，这二十年来一贯的冷与自持，热起来便是极致了，放纵起来便再不顾归路了。现在的她手无缚鸡之力，只等他过来，手到擒来，完完全全地投降于他了。

她彻底地沦陷了。

后来胡兰成再来她家里时，她开始留意他的烟。看他怎样地将烟掏出来；怎样地将它搭到嘴唇里，轻轻地含着；怎样地再掏出打火机，将烟点燃；怎样地呼与吸，将它那一点橘黄的温暖的如日中天的星火，慢慢地吸成了灰烬；怎样地将清净的房间“装饰”得全是烟火的气息，人也是陷在迷雾里若隐若现的，“欲仙欲死”。最终，看他怎样地将剩下的烟蒂余烬捏死在烟灰缸里，然后毫不在意地拍一拍手，吐出最后一缕烟，完毕。

有时候看着他手里一根又一根的烟，她会觉得悲哀，“浮世的悲哀”。很多时候，她觉得她就像是他手里众多烟中的一根——并不比其他的烟更出众一些，更特别一些。

他现在喜爱她，也许只是因为该当是轮到她了，命中注定有这一出，抑或正好是合着他的心情，总之，于她这一方是完全没有主动权的，只是被齐齐整整地排列在烟盒里，任凭他挑选着。他将她点燃了，享用了；她则凭着内心里的东西直钻到他心肺里去，并且是再不容易将她摆脱的了。最后她的身体燃烧完了，只剩了厚而无用的烟嘴，于是他便毫不留情地将她掐灭在冰冷混杂的烟灰缸里了。

她的一生就此完结，灵魂已经烧完了，空留了一个躯壳在与这冰冷的与己无干的世界对峙着；而他呢？还有大好的年华和永远没有穷尽的烟等着他。至于肺叶里的那几缕尼古丁，对他来说，毫无妨碍，它们既不至于积到危及生命的危险程度，也是不忍，不愿。他有十成的把握。

但她是愿意就这样的，就这样做他的一根烟。要不是他，也许她仍是一根烟，并没有更大的价值与用处，却只是白白虚度了年华，过了保质期，给人扔进垃圾桶里，仅此而已，不会再有其他的什么了。而她现在遇见了他，忽然就像是有了生命的盼头。

是的，她确定了，她就是要做他的一根烟，她要他吸完她最后的一点灵魂，全吸到他生命里头去。做他的烟，她是欢喜的。那就毋如叫它作“浮世的悲欢”吧。

不但是烟，看他喝茶，也是一样会没来由地恐慌，没来由地喜乐。

它们那样从山地里苦苦地生长，长成小小的树，拼尽生命的全力在无人的山野里开出粲然的火红的花朵，全不顾这个世道的眼光。它们刚长成的娇嫩的苞芽被不知名的大手采摘了去，与其他许许多多的苞芽一起被烘热、被炒制，甚至被蒸煮，历经无数的蹂躏、无数的灾劫、无数的苦痛，终于成为真正的茶叶，然后干缩成灰绿色的叶，被一同塞进包装袋子里，流向这个尘世的不知道哪个角落。

它不知道自己的未来，不知道剩下生命的路在何方，直到遇见他。他将它从难以呼吸的黑暗里随意地掏出来，放进他的杯子里。对，他是无意的，但却改变了它的一生。滚烫的温度涌遍了它的全身，它虽历经一瞬间的万箭穿心，但却着实是受到滋润了。

它干枯了这么久，是多么渴求与珍惜这份滋润啊，尽管对它来说是烫的——但比这更残酷的刑罚它都已经经历过了，还有什么承受不来的呢？它将它所曾承受的痛与所满含的爱毫无保留地舒展开来，任他肆意地品尝玩味，肆意地观察它的身姿。

第一遍，他尝尽了它的苦，但他却并不觉得涩或反感，反是珍爱的。

第二遍，他还是能感受到残留大半的苦味，毕竟一个生命体所承受的苦痛不是那么容易消散的，但是已能感受到温度与水对它的滋润，它渐渐地有那么一丝丝的甜味了，灰绿色渐渐过渡成墨绿色。他觉得更加地有味道，猎奇心愈发地重了，简直是要迫不及待地喝下一道了。

第三遍，原来生命中的苦已经消散了大半，本质里的甜开始慢慢地显露出来，曾经在山间吸收的日月光华，聆听的鸟啼婉转，见证的姹紫嫣红，接触的甘霖雨露都在这一道里显露了，生命厚重的外衣褪去，显现出它原来的绿来。他觉得这时的茶是惬意的——茶也惬意，品茶人也惬意。

第四遍，味道渐渐地开始失却了，颜色也渐至鹅黄，但总还算是有滋味的，在没有那么多茶叶的情况下，他还是愿意再多泡几道的，而此时的它也是渐渐地倦怠了，生命的光与热、痛与乐都已经成为过往了，它想合一合眼，休息一会儿。它累了，它折腾坏了，它想好好睡一觉。第五遍，第六遍，第七遍，渐渐地再也没有滋味了。

它疲乏了，他也厌倦了。于是他将这杯茶倒掉了，与掐灭烟一样地毫无留恋，甚至是带着对下一杯茶的迫不及待心情的。

然而，她是多么愿意就这样做他的烟与他的茶啊。她愿意这辈子就因他而生，因他而灭。她清楚地知道自己沉沦了，然而她并不想有人来救她，亦并不想自救。

这样，她至少是喜乐的，就算毁灭，也是轰轰烈烈的，是她所要的传奇；否则，虽然得以苟存，那又如何呢？就这样平平淡淡、波澜不惊地了此残生吗？不，她不要。她坚信，命运让她受这样多的磨难，不是为了让她过白开水一样的人生的。

她于是终于不再犹疑了，毅然决然了，义无反顾了。她要叫他知道她对他的崇拜，她要叫他知道，她是完完全全地属于他了——将我的心取去吧，随你怎样处置。她心里这样对他叫喊着。

他走后，她将他的烟头收起，小心翼翼地封存进一个信封，渐渐地积少成多了。有一次，她将这一信封的烟头拿给他看。他只是笑笑，并没有怎样地欢喜讶异或是震动。这也是她早已料到的。她进一步，他必然是要退一步的。而且这笑里，包含着多少胸有成竹，多少理所当然。她知道，他是始终在斗，始终在较量的。但她是全不顾的了，她愿意伏地认输。

他既然对这并不表示多少，那么便只有她更进一步了。

一次，他向她要她的一张照片。她毫不犹豫地给了，并且在背面写上卑微却又成绝唱一般的字句：见了他，她变得很低很低，低到尘埃里，但她心里是欢喜的，从尘埃里开出花来。而他却只是“端然地接受，没有神魂颠倒”。

呵，真真是一半是海水，一半是火焰了。

正如一开始说的，他们的相恋，没有真正意义上的相求与告白，叫人难以界定。如果说她觉察到自己对他的崇拜是相恋的开始，那么，那还只是“暗恋”的；到她义无反顾地将这崇拜叫他知道向他宣言时，那是真真正正地“明恋”了。

有天晚上他临走，他像往常一样掐灭了烟蒂，她站起来送他出去。他忽然双手按在她的胳臂上，说：眼镜拿掉它好不好？于是她笑着摘下眼镜，他吻了她。

她感到一阵强有力的痉挛在他胳膊上流下去，可以感觉到他袖子里的手臂很粗。这个时候，她想道：这个人是真爱我的。这句话竟与后来《色·戒》里王佳芝想的一模一样，可见胡兰成对张爱玲创作上的影响了。

一天之后，他在外头喝了酒，算是壮胆吧。再来她这里时，他坐到她旁边，说：我们永远在一起好不好？这大概算是对她心意的回应了吧。她是爱他的，毫无疑问，但她忽然不敢应他的请求。时局是这样的乱，他又有这样多的家室子女，未来能确定吗？于是她只淡淡地说了句：我现在不想结婚，过几年我会去找你。其实她只是不便说：等战后，他逃亡到边远的小城的时候，她会千山万水地找了去，在昏黄的油灯影里重逢。

他微笑着没做声。

她是想对了一半的。日后他确实是流亡了，她也是千山万水找了去的，只是那时的他已另有了一个家庭，并不再欲见她了。

就这样一日一日地来，又过了许多日子，终于是开始要正经操办起来。他回南京，又回来，终于最后报纸上一齐报道了他跟两个太太离婚的消息。大家都揣测他们俩要结婚了，连张茂渊都不禁得意起来——看你们再说跟我一块儿就不想结婚了。

于是便真的在一块儿了——尽管有人劝她，“露出三分恐惧的笑容”，“这世上有吃人的魔鬼”，他不算是好人。但他倒是主张要向大众宣布，将来要请吃酒的，不过她不愿，她是寂静惯了的，再加上时局又这样乱。

于是最后连法律文书都没有，仅一纸婚书，上书“胡兰成张爱玲签订终身，结为夫妇，愿使岁月静好，现世安稳”。见证者仅张爱玲的好友炎樱一人，婚书旁留下了她的证明——“炎樱为媒证”。

当时的炎樱怎能知道，她一路见证的婚姻，最终也只能眼睁睁地看着它散了。

她又有什么办法呢?

莲花的开落是没有办法的事，昼夜的轮回是没有办法的事，四时的更替是没有办法的事，星辰的运转是没有办法的事，宇宙的生灭是没有办法的事。那么，怎么叫她对他们的婚姻有办法呢?

第五卷

尘埃落定／若即若离的距离，咫尺天涯的相离

「第一节」
伤情总是别离时

相离也不是突如其来的，命运早就为它的一切埋好了伏笔。命运是最伟大的戏剧家，他如椽的巨笔一挥，笔下人物一生的悲欢离合便已都注定了。雾里看花也好，明明朗朗也好，没有人能躲开命运。

当初婚姻的开始便已是若现若隐、若即若离的了。

那日他说了求婚的话，她算是微微地拒绝，于是他微笑着，其实是不知道该如何继续——毕竟那时他已是三十九岁的人了，对于世事人生已经有了惰性，虽说他总是自恃自己与别人不一样，也许还要标榜有重新来过的决心，但总是有畏难情绪的，于是只是“把她拦在门边，一只手臂撑在门上，孜孜地微笑着久久望着她”。

她看着他，觉得那个时候的他“有点女人气，而且是个市井的泼辣的女人”，于是“她不去看他，水远山遥地微笑望到几千里外，也许还是那边城灯下”。

后来他没再来——一两个星期都没再来，连姑姑都觉得了。她那时想，不来也好，其患遂绝的，但他却不那么想——他终于还是又来了。

他是自私的，那时候她就知道了。因为他并没有非娶她不可的决心，却还是一趟趟地来，仿佛还是为了照顾她的感情，做了多么了不得的伟大的牺牲。他总说，当着她的面说，并不顾忌她会不会起反感，会不会受伤害——在他们的世界里，似乎从来没有“呵护”这个字眼。

他说，“那时候我想着真的不行也就算了。”

他说，“我想着你如果真的愚蠢的话，那也就是不行了。”

他说：“我看你很难。”说她很难找到喜欢她的人。

他说：“我们这是对半，无所谓追求。”然后讨价还价似的，添补上一句“大概我走了六步，你走了四步”。

他说，“太大胆了一般的男人会害怕的。”

他说：“一切都不对了。生命在你手里像一条蹦跳的鱼，你想抓住它又嫌腥气。”

他说：“我们的事，听其自然好不好？”

他说：“偏你话那么多，叽里呱啦说个没完。”

他说：“我们这是睁着眼睛走进去的，从来没有疯狂。”

然而事实是，她要他走。

她说，“我怕未来。”

她说：“我是因为我不过是对你表示一点心意。我们根本没有前途，不到哪里去。”

她说，她有把握可以随时停止。她不过陪他多走一段路，在金色的河上划船，随时可以上岸。

她说："我难道比不上她？"

两个人互相地猜忌，互相地揣摩，互相地犹疑。

《倾城之恋》里流苏与柳原的一切，仿佛都在现实生活里重演了——不过是世俗的男人，世俗的女人，为了各自的目的，试探着靠近，最终倒也有了真情，有过正果的。

然而当这段时期过去以后，他们确定要在一起了以后，却又是亲近的。不过自然，这亲近里总还是多少有着心理的较量——尤其是胡兰成，永远是在算计，永远是在分析他们的关系。她说的"市井的泼辣的女人"是不委屈了他的。

于是他又说："我总是忍不住要对别人讲起你。"

又说："是为了我吗？"

又说："我去过好些讲究的地方，都不及这里。"

又说："明明美的，怎么说不美？"

又说："我是像个孩子哭了半天要苹果，苹果拿到手里还在抽噎。"

又说："这样好的人，可以让我这样亲近。"

又说："我不喜欢恋爱，我喜欢结婚。我要跟你确定。"

又说："你其实很温柔，像日本女人。"

又说："是真的，两个人都是真的。"

于是她也说："你的眼睛真好看。"

也说："我总是高兴得像狂喜一样，你倒像是悲哀。"

也说："让她在这金色的永生里再沉浸一会。"

他的话，捧人的方式各种各样，让人觉得欢喜又虚无；贬人的方式也是砭肌入骨，伤人伤得真切与透彻。她的话，高兴的时候真真实实，让人觉得放心与踏实；灰心的时候也平平静静，沮丧时自己藏着。

于是总是他占了主动权的，“招之即来，挥之即去”；于是她总是俯就的，俯首帖耳，死心塌地。

这样反复地过了许多不确定的日子，他回南京去办理离婚的事。这中间两人也还是通着信，但也还是反复的，若即若离的。

她有时候看他的信，会觉得有些字句使她悚然惊心。而她写的信，有时也叫他不喜欢。

有一次她写了一首诗去：“他的过去里没有我，寂寂的流年，深深的庭院，空房里晒着太阳，已经是古代的太阳了。我要一直跑进去，大喊：‘我在这儿，我在这儿呀！’”他觉得他的过去有声有色，不是那么空虚，在等着她来；他的未来也毕竟是五彩缤纷的，不会只挂念着她一个人。他觉得她似乎太高估自己了，但他着实是误解了——她从来没觉得自己在他面前是可以高傲的，她是谦卑的。

她于是突然会觉得“整个的中原都隔在中间，远得叫人心悸”。

然而婚终于还是结了的，新婚的日子亦是多有情趣。

两人坐在一起，挨得近的时候，她就抚他的脸。她抚他的眉毛，说一句，“你的眉毛”；她抚他的眼睛，说一句，“你的眼睛”；她抚他的嘴，说一句，“你的嘴”。一句话也不做评论，只是喃喃地说。但是万水千山的风景早都已经装在里面了。

她看着他，有时竟不相信他是真的，像个孩子一般天真地、冒着幼稚的傻气问：你的人是真的吗？你和我这样在一起是真的吗？有时也会远远地看他一个人静静地坐着——“他一人坐在沙发上，房间里有金沙金粉埋的宁静，外面风雨琳琅，漫山遍野都是今天。”

然而结婚的喜悦似乎都只在张爱玲，胡兰成话里话外似只是淡淡地配合，并无怎样的喜悦，于他，所有的事似都是理所当然的。配合亦是他对她天大的恩赐了。

他写道：“我与爱玲只是这样，亦已人世有似山不厌高，海不厌深，高山大海几乎不可以是儿女私情。我们两人都少曾想到要结婚。”“我们虽结了婚，亦仍像是没有结过婚。我不肯使她的生活有一点因我之故而改变。”

他大概是早已忘了，当初他是怎样地反复说着“我不要恋爱，我要结婚”;“我要跟你确定”——大约他说的确定，是另外的意思吧。而今他说什么“我不肯使她的生活有一点因我之故而改变”这样云淡风轻、飘飘然然的话，意也只在于想说叫她不要因她之故耽误了他的生活罢了。

张爱玲于他，动辄是“喜之不尽”“不胜之喜”，而他所表现的最大的喜悦亦只是“我当然也亦满心欢喜”。

有一次外出，归途中遇雨，于是坐了黄包车回家。张爱玲穿着雨衣，也只肯坐在他身上，觉得无限的欢欣；而胡兰成却是有着全然不同的感受的——“只觉诸般不宜”。另有一次，张爱玲又是天真起来，使着小性子甜腻腻地叫他“兰成”；而当她要他同样地唤她一声“爱玲”时，他却是千万般地不愿，到最后拗不过勉强地说了一声，也是狼狈不堪的。

就这样一日日地腻在一起好些日子，“男的废了耕，女的废了织”。张爱玲此时的创作虽渐至荒疏，然而她是心甘的，不似胡兰成，几乎要怪起她的“腻”使他懈怠了职事来。

抑或许张爱玲直觉地知道这段爱情经不起年岁的流逝，因此要赶在它结束之前，把所有要说的话都说完，把所有要做的事都做完。她总是这样，总是这样——从很早的岁月里开始，就在追赶，一直在追赶，生怕错过了一丝的美好，而美好面对这样一个诚心追赶的人却一次又一次地弃之不顾了。

还记得她小时候要接新年吗？她哭着，因为还是错过了，穿着新鞋也是赶不上的了。爱情亦是一样的。从他们相识，到相逢，到相知，到相恋，到现在似乎所有的甜蜜都快赶制完了，亦只不过才九个月。而婚姻却即将像新年一样——“一切的繁华热闹已经成为过去，我没有份了。”

胡兰成很快便从“蜜月期”里抽身而出，投身到他的职事中去了——他开始创办《苦竹》。张爱玲作为他的妻子，自然也是在上面多有作品发表。这时他们两人思想才情上的合拍又花火一般绚烂地亮起人的眼来。

此时张爱玲将这一时期她为数不多的几篇佳作都付梓在《苦竹》上了。胡兰成回忆起来亦是不胜感激的：“我办《苦竹》，心里有着一种庆幸，因为在日常饮食起居及衣饰器皿，池田给我典型，而爱玲又给了我新意。池田的侠义生于现代，这就使人神往，而且好处直接在我身上，爱玲更是我的妻，天下的好都成了私情。”又说，“我自中学读书以来，即不屑京戏绍兴戏流行歌等，亦是爱玲指点，我才晓得它的好。”然而这样的相知相谢，亦仍是不长久的。

《苦竹》创刊不过四期，便戛然而止了，只剩了炎樱设计的饱满的竹叶与竹竿在记忆里横横斜斜，令人只觉得年华似水，却并回想不出来有怎样的苦楚。

因为有更好的事在召唤他了。

他即刻动身去了武汉，做他的《大楚报》社长去了。

战争的力量是巨大的。他就像是命运的助手，既能让身在其中的人奏出秦淮河边咿咿呀呀的“后庭花”，也能让天上的月有这么许多的阴晴圆缺。战争让他去了武汉，武汉便又为他开出一朵尘埃里的花来。短暂，却也不失其芬芳色泽。

「第二节」

爱如风，忽飘忽定

恋人的心像风中的蒲公英一样捉摸不定。他不是风，但随着风，轻飘的，随意的，且随遇而安，不知道哪天便不经意地在哪一片土地上安家落户了。他更胜于风。

天下的恋人总是小别胜新婚的，也只有胡兰成，小别便又新婚了。

只不过短短的几个月，他又有了他的小周。

他在武汉的住所，被安排在县医院楼下的房间里，平日里自是免不了与年轻的小护士们多有接触之机。其中有个小护士，名为周训德，年方十七，人倒也有几分骨骼清奇之处——“虽穿一件布衣，亦洗得比别人的洁白，烧一碗菜，捧来时亦是端端正正。”

小周家境清贫，父亲因病去世，母亲只是妾，家里还有一群的弟弟妹妹，为人勤快，待人也热心，且生得伶伶俐俐的，见人也不会自己乱了阵脚。

一日，小周正与其他护士们一块儿嬉笑，玩闹间瞥见了胡兰成，于是孩子气调皮地叫了一声“胡社长”。胡兰成于是便随即问了她的名字。正欲交谈更多，忽闻江那边一声爆炸声，惊天动地。震动之余，胡兰成因势道：这是初次问名，就有这样惊动。小周听罢，只觉得这样的说法新鲜又生动，初次听得，心里不禁有暗暗的香在涌动。

这段恋情对于胡兰成来说自然是稳赚不赔的。他也未必没有想过——如果追不到小周，于他自然没有损害，他尚有退路，他是从来不缺女人的；如果能将小周要了来，那自然更好，生活起居便有了人照料，枯燥的生活亦会因这样一个小女孩子而增色不少。

至于张爱玲会如何，呵，想她做什么呢？他向来是只要自己快活便罢了的。

胡兰成自起了念头之后，也多有行动。先是像做了教员似地教小周诗词——对于教员这一点，他是向来有自信的。一生之中总有学生崇拜他、喜欢他，甚至是为他争风吃醋互相攻讦的。后来他晚年在台湾教书，一代才女朱天文对他便是极为崇拜的，甚至是偏袒的。

除此之外，他也请小周吃饭，约去江边散步。一来二去，自是熟络不少，后来索性就开口求爱了。一开始，小周因是正经人家的女孩子，也知晓胡兰成是另有家室的，因为知道母亲做妾的苦，再不想步母亲的后尘，再加之胡兰成比她年长太多，因此并不愿与胡兰成走到一起。

但胡兰成并不就此气馁，攻势反而更甚。所教诗词也是一日比一日暧昧起来，亦有所指。小周如此冰雪聪明，对此何尝不知。于是两人关系渐渐暧昧起来。

小周之事，张爱玲也不是全无耳闻的，因为胡兰成自去武汉之后寄来的第一封信里便提及她了，将她好生夸赞了一番。

张爱玲自是心有所惊。但她对爱情的事往往糊涂，往往盲目，且最大的弱点在于过分地自信。她总以为胡兰成有其他的女人，不过是“刚出狱的时候一种反常的心理，一条命是捡来的”，抑或是“感情没有寄托”。至多也只不过是“对女人太博爱了，又较富幻想，一来就把人理想化了，所以到处留情，当然在内地客邸凄凉，更需要这种生活上的情趣”。

而那些女人最终都不过是过客，是点染，不能做数的，而最后的归属只能是她这里。她不是不忌妒，她只是傻得天真。她的才情自是无人可比，但她不知道的是，胡兰成对女人的要求是各式各样的，只有一方面特质的突出超群对他的吸引力是不会长久的。

他也许需要张爱玲的才华来提升他的思想，但他也需要普通小女生那种的灵动、活泼、淘气，也需要居家过日子的女人所有的那种贤惠与坚忍。这些，在张爱玲身上是难以寻见的，于是只有向别处寻求。

张爱玲对自己的魅力估计过高，也对胡兰成的欲望估计过低，于是她一相情愿地以为：他对她只不过是欣赏罢了，再无其他。他与小周也只是开开玩笑，跟一个十七岁的正经女孩子还能怎样？于是回信，对于胡兰成口中亲亲近近的小周只是这样云淡风轻地写了一句：“我是最妒忌的女人，但是当然高兴你在那里的生活不太枯寂。”

然而也真就“怎样”了。话说那边，胡兰成与小周嬉笑打闹的日子过了也有些天了，他有一日想确证小周的心意，于是如法炮制，像当年管张爱玲要照片一样，管小周要了照片，还执意要小周题字——大约是经了张爱玲那一次，他吸取了经验教训，知道要明了一个女人对自己的心意，最好的方法莫过于让她在送他的照片背后题上最想对他说的话。

小周拗不过胡兰成，于是挥笔在照片背后写下了一首诗："春江水沉沉，上有双竹林。竹叶坏水色，郎亦坏心人。"这是胡兰成前不久刚教她的隋乐府诗。至此，胡兰成自是明白小周的心意了，更是喜出望外。

这之后，两人越走越近，到最后终于是同居了。同居的生活亦是多有情趣。胡兰成白天去上班，晚上回来得空便与小周在书案前吟咏诗句，红袖添香，好不自在。平日里趣事也是颇多。

有一日，胡兰成从报馆回来，见小周正在门廊里，待得回去放下衣物东西，再出来却不见了小周。原来小周是故意逃到了楼上去，孩子气地与胡兰成玩起猫捉老鼠的游戏来。胡兰成也是童心未泯的，竟也"将计就计"地跑去楼上寻，但是惶惶地寻遍了整个医院，亦是不见小周踪影。于是只好灰心丧气地回到房里，却见小周正兀自端端正正地坐在房里呢，装作什么事都没发生过，什么事都不知晓的样子，一脸的天真无邪，搅得胡兰成又是好气又是好笑。

又一日，胡兰成"逼问"小周到底是爱他不爱，小周装作不肯回答的样子，还紧紧地抿着嘴，待被胡兰成逼得紧了，才不情不愿慢慢吞吞地迸出一个"爱"字来。但是胡兰成刚一放松，她便又说刚刚说的全是假话，将一切全赖掉了。

这样的生活，这样的情趣，在张爱玲那里，不消说是得不着的。

她的爱太浓烈，占有的意味太强，这样的小清新，这样的情调与调情，在她那里怎么会有生根发芽的土壤呢?

那边胡兰成与小周的感情进展得越发如火如荼，这边与张爱玲的信里也越发频繁地提及小周了，这样就算是再笨的女人也是要看出一些端倪的了——“他也不断提起她，引她的话，像新做父母的人转述小孩的妙语”，张爱玲渐渐感觉到小周在精神生活上对他的重要性了。

但那时也为时已晚了，她上一次的回信无异于是对他这种行径的鼓励了。更何况“他是这么个人，有什么办法？如果真爱一个人，能砍掉一个枝干？”

不知不觉便是春节了，胡兰成没有回上海，而是待在武汉跟小周过了一个情意绵绵的除夕。张爱玲呢，还是像小时候说的一样：“一切的繁华热闹都已经成为过去了，没有我的份了。”

过了春节，正是三月份，胡兰成因为要去南京办事，顺道便回了一趟上海。回来两人都感觉到，关系已经是变了的，再也不似从前了。两人待在一起的时候，胡兰成张口闭口话里话外也全是小周。

张爱玲以为总不至于的事，最终还是一步一步成了真。虽然张爱玲听他言笑间皆是小周，“心里似乱刀砍出来，砍得人影子也没有了”，但是也只能安慰自己要知己知彼，“你如果还想保留他，就必须听他讲，无论听了多痛苦”。

这次来待得不久，五月份他便又回小周那里去了。此后断断续续也有回来或者通信，总是觉得越来越变了味道的。

之后回来胡兰成总会带钱给她，张爱玲拿着这钱也总觉得不对味。甚或有一次，胡兰成说起“你这里也是需要钱的”，“你这里”

这几个字听在张爱玲耳里只觉得异常地刺耳，就像是在外面另安了一个家，原先的那个反成了客室。但张爱玲此时虽对胡兰成心中有怨，也还只是幽怨，并没有满腔的怒气或是怨怼，而对胡兰成，也还是寄希望于他，希望他有朝一日能够回头的。

在此期间她的创作力已不如从前，唯做一些从前旧作的改编与再创作罢了——将它们改成话剧或是电影剧本。其他全部的心思都用在了挂念胡兰成身上，甚是忧戚。这一时期，胡兰成对她创作力的影响，是负面大于正面的。

张爱玲就像是一个在炎炎夏日等待风的人，面前是一望无际的明晃晃的世界，当头是刺眼毒辣的日头，身前身后今日明日都只是无尽的高温炎热，她无法走出那个莫名的世界，也没有可以向其呼救的人，只能在那里该当着她的该当。

风是与她唯一的约定，但它就只有那么飘飘忽忽的一阵。它来一阵，又走，再来，再走，不对任何人做任何的预告与承诺。没有人能抓得住它，只有它自己才能决定它的来去与方向。

而她呢？它没来的时候，是无尽无休的等待与恐慌，间或等得久了晕眩了胡思乱想了，便又会生发出另一个奇异诡谲的世界来，海市蜃楼也是有的。但那个世界是虚幻的，是她为了防止自己支撑不住而给自己的急救药，毕竟不是持久的。于是只能眼巴巴地盼着它来，盼着它来给她全身上下仔仔细细里里外外检查一番，然后好好救治。

至于要它待在她身边，只做她一个人的风，她即便是想，也知道是不能做这样的幻想了——这样的想法只能算是天真的、不切实际的非分之想了。它要去的地方太多了，要“拯救”的人太多了。

大概它觉得世界是遍布荒漠的，以至于它不知哪里生出这许多“责任感”来，要各地都去一去的了。而待它不知哪时真的来到时，只那么轻轻的一丝风拂过，她亦是心满意足的了。

尽管对于她应得的，这已经是缩水了许多的，她有怨，但总是还要感谢这一丝清凉。因为她的世界里，彼时便只有这一股风了。她要是再有所怨怼，怕是连这一股风都要失去了的，只剩下一个炎炎的夏日，一个明晃晃的人影，和一个既望不见过去也望不到未来的无尽的世界。

不，这不是她所想要的，她还年轻，她要知道路在何方。她的天才梦还没有做完，她的名总还是不够盛的。她总还是想追逐，明知即使是穿着新鞋也是赶不上的了。

在这样的日子里，她经常会做梦。一个人，孤孤单单，做些光怪陆离的梦。乃至于有一日当胡兰成打电话来说要回来的时候，“听见他的声音，突然一阵轻微的眩晕，安定了下来，像是往后一倒，靠在墙上，其实站在那里一动也没动”。一个人是要怎样地思念另一个人，才会在听见他的声音时，有这样的反应！

可见胡兰成是怎样少地打电话回来，怎样少地回上海来了。他在那个新家里，真的只有乐不思蜀来形容了。

再有一次回来，恰逢炎樱来张爱玲家里做客，胡兰成将她的座位安在他们俩中间，生生地将三人都割裂了。除了他自己似乎不觉得，张爱玲与炎樱都觉得窘得快喘不过气来。谈到后来大概胡兰成自己也觉得了家中气氛不佳，便约了炎樱去阳台上透透气。张爱玲则找了个借口避过了。

他们俩在阳台上露天的黑天里，张爱玲则一个人在屋里。屋里的寂静让她足以听到屋外两人的絮语。风亦是助她的，将声气吹了过来，她听得他说："一个人能同时爱两个人吗？"

谈话结束，送走炎樱后，张爱玲对他说："你刚才说一个人能不能同时爱两个人，我听来忽然天黑了下来。"对此，胡兰成非但没有半句的安慰或是解释，却终于只是说了句："那么好的人，一定要给她受教育，要好好地培植她。"

就这样反反复复来来回回，没有定数没有承诺没有解释。虽然张爱玲也曾说过"将来你可以在我这里就这样的来来去去"之类的话，但不曾想是这样的情形。

这么些日子以来，她一直是忍耐的，然而总是爱得越深恨得也越深，到最后还是因爱生怨——此时怕已是怨愤了，只不过就是这怨愤，也是静默地深埋在心里的，除了自己，再没有人知道了——甚至可说是生恨的了。

此时已是1945年，抗战眼看着就要胜利了。胡兰成知道自己为日本人办事，少不了要被打成汉奸，轻则牢狱之灾，重则丢了性命，于是早早地打算着要逃命去了。

就在他要走的最后一晚，他睡着背对着她的时候，张爱玲竟是要动了杀机了。

"厨房里有一把斩肉的板刀，太沉重了。还有把切西瓜的长刀，比较伏手。对准了那狭窄的金色背脊一刀。他现在是法外之人了，拖下楼梯往街上一丢。"她这样想着。

「 第三节 」

那一场萎谢的绝恋

这个时候，她是已经知道他不爱她的了，因此虽然因之而起了杀人的疯狂念头，最终也因之而灭了——难道要为了一个不爱她的人而死吗?

她想起今晚临别的场景，没有怎样的生离死别，只是淡淡地说了几句不相干的话，不痛不痒，最终竟还是说起小周来。说起他们的分别场景，他的眼里竟全是留恋。

他说她是怎样的美，凌乱时亦是美的。更何况她的凌乱是因为他要走，是因为不想让他走，伤心号哭所致的。他心中自是既怜惜，又暗自得意——证明了他是多么的有魅力。

同时他说这个，也是因为临别，他和张爱玲似乎都再无话可说——对于小周的芥蒂，对于未来两人关系的不确定，对于钱，对于其他。当两人的关系变味时，有关两人所有的一切便都是变味的。更何况张爱玲这样似乎并无太多留恋的表现，也让胡兰成更加地怀念起与小周的离别来。

胡兰成曾经对未来有过隐忧，他说："时局不好，有朝一日，夫妻也要大难来时各自飞，我必定逃得过，唯头两年里要改换姓名，将来与你虽隔了银河也必定找得见。"而张爱玲则回答说："那时你变姓名，可叫张牵，又或叫张招，天涯海角也有我在牵你招你。"

又是一次一语成谶——他果然是天涯海角地逃亡去了，也果然是化了名，然而不同的只是，不叫张牵，亦非张招，而叫张嘉仪，摇身一变，化作张爱玲的祖上张佩纶的后代了，并以此为名到处结交名人，以图东山再起。更何况这"张嘉仪"还不是随意所取，竟是后来他的新好斯家小娘范秀美给她的义子所取之名。

胡兰成对此还写道："我一听非常好，竟是舍不得，就把来自己用了，用老婆取的名字，天下人亦只有我。"且不说他这样的化名是否是不耻的行径，一开始他便没有给过张爱玲机会——张爱玲曾向他说愿意与他一同去乡下躲难，而他并不应允。他是早已做好了打算要一个人走的，管他是不是时局动乱所致。也许还更好，他们的爱本已是渐渐地疲乏与生嫌隙了，这正是一次分开的契机。

而于张爱玲来说，时局的安稳反不是她乐意所见。她曾说过希望二战一直打不要停的话，连胡兰成如此自私之人都为她的想法感到不可思议，而她只是轻轻一笑说，这样便可一直与你在一起。

这样的心意，与《倾城之恋》的寓意是多么契合——"香港的陷落成全了她。但是在这不可理喻的世界里，谁知道什么是因，什么是果？谁知道呢，也许就因为要成全她，一个大都市倾覆了。成千上万的人死去，成千上万的人痛苦着，跟着是惊天动地的大变革。”

当初如此明了《倾城之恋》的胡兰成，怎能不懂张爱玲的心意？只是她的心意再重，也抵不过他的本性——大凡所到之处，皆招蜂蝶，到处留情，到处生根，心里即使有愧怍，也即被新的爱情所带来的喜悦冲散得一干二净了。

他终于还是走了，走到乡下，又成新家。

他这次选择的避难场所是青年时期曾经寄住的斯家。一转眼，已是阔别十六年，此时的斯家比起当年多有变故：长子斯颂德即胡兰成当年的中学同学已因病去世，三子则死于战争，当年与他有过暧昧的小女雅珊是结了婚的，但又是丧夫丧子，现在独自一人带着小儿子，在一所中学里教数学，而那个对胡兰成一直是“仁至义尽”的“斯伯母”，现在已是年逾花甲了。

十六年转眼间便过去了，任胡兰成怎样的“天地不仁”，见此情此景，此人此地，物是人非事事休，也难以不起追思，道一声时光如梭。

而那个日后与胡兰成成为一家的斯家小娘范秀美，算起来年龄还比胡兰成大一岁，此时却是芳华犹在，千娇百媚的。

胡兰成在乡下安顿下来以后，也是四处找寻差事，这期间范秀美倒是热心打点，帮了胡兰成不少的忙，也曾一同进出，颠簸旅途。胡兰成在落难之际得此帮助本已甚为感激，再加上范秀美又是个不折不扣的标致女子，胡兰成于是又“心有所属”了。

有范秀美作陪的日子，在他看来，即便是奔波劳碌流亡，亦是“霜天乌桕，有日月相随，红袖护持”的美妙日子。而他与范秀美最终有鱼水之欢，是在从金华去丽水的途中，那时离开金华亦只不过才三日。当下，胡兰成没有思及张爱玲，范秀美亦未顾念斯家。

两人倒也是坦诚相待——胡兰成细数了他的过去，毫不讳言小周、张爱玲等人；范秀美也坦言自十八岁那年斯家老爷子去世便开始守寡，守寡之后曾经有过恋情。在胡兰成看来，“她的身世呵，一似开不尽那春花春柳媚前川，听不尽杜鹃啼红水潺湲，历不尽人语秋千深深院呀，望不尽的门外天涯道路，倚不尽的楼前十二阑干”。

话说两人做了露水鸳鸯之后，胡兰成倒是心有所顾忌，反倒是这斯家小娘更有魄力些，安慰胡兰成道：“你与斯家，只是叫名好像子侄，不算为犯上。我这人是我自己的，且他们娘是个明亮的。”如此一来，胡兰成便算是彻底心安，只待将自己安慰一番、自欺欺人之后，便两相适宜了。

他心想道：“我已有爱玲，却又与小周，又与秀美，是应该还是不应该，我只能不求甚解，甚至不去多想，总之它是这样的，不可以解说，这就是理了。”

后来待得范秀美找着她的母亲，二人便搬去与她住在一起，正式开始两口子的生活了。

那边胡兰成一路颠簸，终于安顿下来，这边张爱玲却像是过了几个春秋。

走的那天已是惘然。那日胡兰成的侄女青芸来接胡兰成，临时需要一条被单打包袱，张爱玲于是着急忙慌地去找，但是一时未能找到干净的被单，于是便多费了番工夫。待得找到被单飞也似地送到楼下时，他们却已经走了。

没有人等她，没有人顾念她，她是连胡兰成的“最后一面”都未得见的。她于是“空落落地站在阶前怔了一会儿”，只觉得人都走光了，也好，一切便显得清空可爱了，再没有事能烦到她的心思。

胡兰成到了乡下，也还是给张爱玲寄信的，这大概也是张爱玲唯一可指盼的了。胡兰成虽是在乡下又有了美娇娘，但思想上心灵上的话还是短不了要与张爱玲说的。毕竟眼下这样的时局，他能与外界接触的机会本就不多，能相倾诉的人就更少了。遇事不提笔则已，一提笔便是长篇大论，写文章似的。虽然张爱玲担心长信又是邮寄的，会很危险，也是屡次劝他，但他总不肯听。他太需要听众。

张爱玲所说在胡兰成走的那晚狠起心来竟也动了杀机了的，但那毕竟是因爱生恨，主因总是爱，而不是怨。那时是想着他是不再爱她的了，但眼下又见得他这样掏心掏肺地倾诉，不免又心软了下来，想起过去他们的种种，还是替胡兰成担忧。

她那时哪能想得到，他在乡下竟又有了一段新的恋情了呢？唉，总是这样，女人被伤了一次，是断断不会觉悟的，总要被一次又一次地伤害，伤害得她对爱情的信仰完全瓦解了为止。

那个时候，她是真的明白爱与不爱的了，但为时已晚，那个时候，她也已失去了爱的心力，她会是世上最绝情的人，径自萎谢了。没有一种爱不是千疮百孔的。

看着胡兰成一封封的来信，张爱玲觉得他在乡下是“闷得要发神经了”或“太耐不住寂寞，心智在崩溃”，于是她突然觉得，作为他的妻子，作为唯一一个能够懂他的人，她一定要去见见他的家人，像在尽什么神圣的义务似的。

张爱玲的天性因为胡兰成是改了大半的。两人第一次相逢，便是个戏剧化的意外。素不喜见客的她，竟然放下身段主动去拜访胡兰成，并且一坐就是五个钟头。而这次，她竟然也做起她最不屑于做的“走亲戚”来了——她去了青芸家。

青芸见了他来，自然也是含笑招呼，但毕竟是意外。她也是知道她的脾性的，这位“张小姐”素不见人，连她结婚都不曾来贺过喜，红白喜事向来都是不在意的，今天怎么反倒不请自来了呢？

她觉得意外。更意外的是，她来了，并没有怎样的事，只是反复喃喃地说胡兰成着急，没耐心，在乡下恐怕是待得不好，说着说着，竟流下泪来。这又是破天荒头一遭的了。不说她从不流泪，至少是从不曾为胡兰成流过泪的。热恋的时候尚且不能，更何况是都动过杀机，且早已是知道他不爱她的了呢？

但是女人对男人的爱从来都是难以解释的，更何况是这样一个另类的女人与这样一个另类的男人。自那以后，张爱玲一提起胡兰成，总禁不住黯然神伤。倒不是因为想他所致，更多的是为他的处境担忧。

其间斯家四子斯颂远也曾来拜访过张爱玲，既为胡兰成带信，又为张爱玲带来胡兰成的近况。终于有一次，张爱玲在他面前提起胡兰成时流下泪来，他问她：“想念得很吗？可以去看他一次。”她一开始是浅笑着摇头的，但他却似乎不经意地说，胡兰成言谈间想小周的时候更多一些。这戳中了张爱玲的痛处。

自那次胡兰成跟炎樱说“能不能同时爱两个人”起，张爱玲就再也不问起小周了。她虽也竭尽所能地忍耐，但总是装不了假。以前她提起小周时似是轻描淡写，那是因为她自信胡兰成不是真爱她，他们不会有什么的，且就算又觉察到什么，也总是宽慰自己，想是自己曲解了，不去面对现实。但那次是亲口从胡兰成嘴里说出来的，且是背着她说的，当面问了之后又终于承认的了，她还能作何想呢？

唯有默默不语，自此再不提及。

纵使有时胡兰成忍耐不住，自顾自说起小周来，她也是再不吱声不搭话的了。然而这次，她似乎是再忍耐不得了——她要当面去问胡兰成到底预备怎样，这要是确定不下来，便是“一刻也不能再忍耐下去了”。

写信是毫无用处的，他总是说些玄乎其玄的话来搪塞，谁也要不到他剖白真心，赌咒发誓的。一纸婚书有什么用呢？“愿岁月静好，现世安稳”又有什么用呢？婚书是于她而言的，对他并没有怎样的分量；愿景则是于他而言的，只要他的岁月过得好，日子过得安稳便罢了，对她并没有怎样的顾念。这似乎正应了当初的情景。

那日，胡兰成要张爱玲去买婚书，张爱玲便跑去买了，结果只买了一张。胡兰成问她为何只有一张，她怔了一怔，原来她是并不知道婚书需要两张的。于是胡兰成在题完字之后，这张婚书便由张爱玲收了起来，暂为保存。哪料得日后，果然只有她一人在好生照看这段婚姻了。婚书上的另一人，早有了一段接一段的“婚”。

于是为了这个缘故，张爱玲下了果断的决心，要去乡下看胡兰成了。

然而费了千辛万苦来到乡下，见到胡兰成时，换来的只有一句：“你来做什么？还不快回去！”胡兰成生活正自安顿下来，张爱玲这一露面，让他无端生出许多烦恼来。因此，他见张爱玲来，非但面无喜色，反倒是愠怒的了。

一来胡兰成在乡下是为避难，又非养生，虽是有个落脚处，境况比起以前来总是不佳，他不愿意叫张爱玲看见他如此狼狈；二来他此前在信中从未向张爱玲提及范秀美之事，张爱玲这样预先毫无申明地来，冷不丁像是突击检查，使他毫无防范，又要费好一番功夫把此事掩盖过去；三来此前他也常向范秀美提起她，既是事实，也是炫耀，对她不吝溢美之词，而今出现在他面前的是这样一个妇人——穿着臃肿的土得掉渣的蓝布棉袍，晒塌了皮的红红的鼻子，衣衫不整，风尘仆仆——叫他在范秀美面前丢了脸，抬不起头来。怕是以后范秀美不但要对有关于她的话一概不信，连小周的真实性也要一并地怀疑起来。

好端端地毁了自己的形象不说，还连带要拖累小周。这么想着，胡兰成心里更是“义愤填膺”了，而对于张爱玲不远千里赶来看他的情意，他是丝毫不愿意去想的。而胡兰成心里的这三点顾虑，对张爱玲来说，真是天大的委屈。

一来张爱玲对他，并不是留恋他的光彩照人，意气风发。就算他此时不济，她又何曾嫌弃？反倒是为他的境遇时常以泪洗面的。二来范秀美之事，错本在于胡兰成自己，张爱玲此行来亦非为了“突击检查”。更何况风流韵事总是纸包不住火的，即便是你胡兰成今日搪塞了过去，来日总要知晓的。要想张爱玲不知此事，毋如自己一开始便多顾及张爱玲，不要做出此等事来。

第三件事尤为冤枉。眼下时局正是动乱，自胡兰成上了汉奸榜之后，作为汉奸妻的张爱玲日子已是很不好过。为了来见他，她放下她那些最爱的奇装异服，特意“拣了最鲜明刺目的那种翠蓝的蓝布”做了一件特别加厚的棉袍，打扮得与村姑一般无二，使自己得以混进人民大众里，不引起人的注意。一路来时亦多奔波，风餐露宿，哪有功夫细整妆容，打扮得齐齐整整精精致致地来见他！

对于此，想必胡兰成也未必不知，后几日在旅馆安顿下来后张爱玲要抹唇膏，他都是不许的，可眼下他不但对张爱玲毫无顾惜，反倒蛮横地要求她光彩照人，好给他长脸。这是一副多么虚伪自私的嘴脸！

张爱玲一来便受了天大的委屈，但自然是不愿意转身就走的，还是在附近的旅馆里住了下来。于是白天胡兰成便来旅馆，偶尔范秀美也会来坐一坐。这时张爱玲对于他俩的事仍还是不知情的。

直到有一日发生一件事情，张爱玲才看出一些端倪。胡兰成在旅馆中同张爱玲谈话时，忽然腹痛难忍，但他忍着没跟张爱玲说。而后来范秀美来时，胡兰成却立即向她说了，范秀美当即细细地问了，又说“下午喝杯热茶就好了”。张爱玲见此情景，终于怅惘起来，觉得相比于范秀美，自己反像是个局外人了，也终于开始怀疑他们两个的关系来。胡兰成看在眼里，也不说什么。

又有一次，她说要给范秀美画像，画了一半，无论如何，却是画不下去了。他问她是为何，她说，越画越觉得她像你。胡兰成无言以对，于是当下两人不语。

终于有一天，她问起她此行来要问的事——“你决定怎样，要是不能放弃小周小姐，我可以走开。”胡兰成对此是感到意外的，但仍是面不改色地用写信时那玄乎其玄的话来作答：“好的牙齿为什么要拔掉？要选择就是不好。”张爱玲不远千里地来，得到的答案似乎还不如信上的。

她并没有再怎样地逼问了，只是说：“你是到底不肯。我想过，我倘使不得不离开，亦不致寻短见，亦不能再爱别人，我将只是萎谢了。”

直到临走那天，胡兰成还是没有给出明确的答复。他没等她再说出来一遍，便道：“不要问我了好不好？”于是张爱玲也就微笑着没再问。

回上海过了两三个星期之后，张爱玲才回过神来，他竟是已经作了答复的了——要么她自己退出，要么等他回来“三美团圆”。

她的灵魂即刻像是过了铁一样的了——灵魂坚强起来。这时的她，没有原来年轻气盛时候的怨怼了，那杀气腾腾的时刻亦是不会再有的了。因为她经过了这样的“灵魂的黑夜”，由爱生恨，恨也是不烈的了，只是这静谧的墨色的恨让她变得比以前更为坚强，尽管她仍是痛苦的。

此时的天空，已是由晴空万里，变成“黑云压城城欲摧”了。然而那是狂风暴雨之后的黑云，阴郁里带一点寂静。所摧之城亦只是她心中的堡垒，与世人无干。而原先的那一片积雨云，早已不知是何去向了。

「 第四节 」

两两相忘，触心伤

然而从黑云散尽，到太阳出面，再到阳光四射，光芒万丈，过程总是复杂而漫长的。一颗悲伤的心尤其如此。

从胡兰成那里回来以后，张爱玲沉浸在无边无际的痛苦里。“那痛苦像火车一样轰隆隆一天到晚地开着，日夜之间没有一点空隙。一醒过来它就在枕边，是只手表，走了一夜。”

这样的恨是痛苦的，因为她知道自己心里还爱他。她既爱着他，却无法向他表示她的爱，也无从得到他的爱，更无法使他放弃对其他女人的爱，于是心里的寂恨一日比一日更深厚起来。她是要强的，又是寂寞的。

她恨着许多东西，又无法将这恨发动起来，无法化悲愤为力量，只有一日更比一日地痛苦，一日更甚一日地爱恨交织。

回上海后，她总还是无法从梦魇中脱身出来，时时地想胡兰成，时时地回味与他的那些对话，想他对自己的看法，想她在他心目中的分量，想他现在到底是将她置于何地。这样一日日痴痴怨怨迷迷瞪瞪地想了个把月，仍难以从情殇中抽身出来。

她想起在乡下与胡兰成的谈话。他曾指桑骂槐地说“良心坏，写东西也是会变坏的”，她终于还是觉得悲哀——“在他正面的面貌里那个探头探脑的泼妇终于出现了。”

但她又有什么办法呢？只能装作听不出来。她知道自己也是心气早已低沉下去的了，自从“失落的一年”以来，作品早就写得既少又极坏，这两年不过翻译着旧作。

她又想到他的轻蔑神气。这神气最先是在一次聚会上看见的，那时她见了起了相当的震动。然而现在一切都物是人非了，原先用在别人身上的轻蔑现在一股脑儿地到了她身上，她觉得不解，也觉得无助与悲哀。

往事的回忆像潮水一样涌来。白马一般的浪在海上翻腾，一匹又一匹地向她奔来。滔天的巨浪直要冲向云霄去，与天连成一片，压下来的时候好将她打成重重的伤，叫她连恨的余力都没有，只剩了痛苦的呻吟。

她想起有日与炎樱去朋友家，恰巧碰见了他。她平素是不喜说话的，但那日她是为了大家着想的——她怕他们窘，又因为自己并不喜欢那个朋友的画，于是尽力地多说话，使不至于冷场，也是表达自己对那些画并无轻视之意。

然而这在胡兰成眼里，却是“偏你话那么多，叽里呱啦说个没完”。她于是想起来那天去她穿了件民初枣红大围巾缝成的长背心，下摆还垂着原有的穗，罩在孔雀蓝棉袍上，触目异常。这显然给他的印象很坏，觉得是给他丢了脸的。

但就是那时她也还是想本来就早该结束了的，而今看看现在的自己，一败涂地，毫无尊严可言。她几乎是要决堤了的。他又想起有一次他跟看门的起了冲突，打了那人，跟她说起的时候也是那样轻蔑的神气。还有一次，她向他要那些她写给他的信，为要写书用。而当他给她那些书信时，眼睛里又是那样轻蔑的神气。他总是用最不堪的想法来想她。

临走的一日，他们商议着要去哪里。胡兰成说要去乡下，她问他这样要几年，他忖度了一下，说要四年。紧接着他却说："你不要紧的。"眼里又显出他那种轻蔑的神气。她几乎都不明白为什么了。

她越来越觉得他像是个身在迷雾中的人，若隐若现，令人难以看透他的真面目。偶尔幸运地出了太阳，竟又是明晃晃地看不清——她待在迷雾里太久了，忽然地云开雾散，只会让她猝不及防，并不能够多看清些什么。她也已经是无力去看清了。原先对他眼神里的轻蔑，是她崇拜他的开始；而今同样的轻蔑频频地出现在她的生活里，她却要沉沦了。

大概男人都是这样吧——"娶了红玫瑰，久而久之，红的变成了墙上的一抹蚊子血，白的还是"床前明月光"；娶了白玫瑰，白的便是衣服上沾的一粒饭黏子，红的却是心口上一颗朱砂痣。"

她想同他撇清关系，但是她欠他的钱。这钱原本并不算欠的，他给她的时候明确说了是"给"，是给她和她的母亲用的，是他经济上保护她的表现。然而张爱玲不想欠他这个人情，于是几次三番地提要还他钱的话。然而眼下时局正是不济，金子也是渐渐地跌得不值钱了，她没有这个心力去还他。

于是曾几次三番地想问他是否需要钱，然而话到嘴边终于还是没能说出口，因为她没有能力，她清楚。于是她屡屡想及胡兰成在乡下过的会是怎样寄人篱下的清苦生活，不仅是生活上，更是精神上的痛苦。她担心他寄住在人家主人家里，会免不了受人家的气，低眉顺眼的日子她是过不下去的，因此想着他也是断然难以过下去的。想到这些，张爱玲更是觉得欠了胡兰成天大的人情，寝食难安。

只是她没想到的是，情形似乎是相反的。这时节，胡兰成正在乡下做着“三美团圆”的梦，一再要求斯颂远将小周也接了来一同住，丝毫没有寄人篱下的样子，反倒像个主人一般颐指气使。斯家对他是再好也没有的了，范秀美又将他的起居生活都照料得很好。他活得是丰润的。更何况彼时他还以张佩纶后人张嘉仪的身份到处招摇，跟很多诸如梁漱溟这样的文化名流都打着交道，似乎黑夜快要过去，眼见得东方发亮的鱼肚白了。

怎样的生活都难以使他自省反思的。他写来的信中也还是一贯的没心没肺沾沾自喜，丝毫不顾及张爱玲的感受：“昨天秀美睡了午觉之后来看我，脸上有衰老，我更爱她了。又一次夜里同睡，她醒来发现胸前的纽扣都解开了，说：‘能有五年在一起，便死也心甘了。’我的毛病是永远沾沾自喜，有点什么就要告诉你，但是我觉得她其实也非常好，你也要妒忌妒忌她才好。不过你真是要妒忌起来，我又要吃不消了。”这是一副多么丑陋的嘴脸！

她看了只当是情书错投。她一直告诫自己要将灵魂过了铁，要变得坚强。其实她从过了童年之后便一直是坚强的。有一段日子，她竟就只靠吃美军罐头的大听西柚汁过日子。

这样的日子过了竟有两个月之久。有一天走在街上，她看见橱窗里有一个苍老的瘦女人迎面走来，竟是不认识自己了，待得反应过来那便是自己之后，吓了一大跳。那时候的她该是怎样的凄惶！然而胡兰成又何曾为她想过，哪怕是一丝一毫，一个闪念？没有的。

连她的姑姑张茂渊见了她那样行尸走肉魂不守舍的模样，也是又气又恼——本以为她是个不同寻常的奇女子，什么样的经受都是不在话下的，没想到还是被一个男人困住了。

自己做的蛹，非但没有化成蝶，反倒被胡兰成抽了丝剥了茧，且不论这个过程是怎样的痛苦与不堪，到最后是连一件外衣都没有的，赤身裸体的一只湿湿皱皱的青虫，触目惊心令人心悸地蠕动着，只能蠕动着——连一开始爬行的能力都是失去了的，而且还不似原先那样的嫩绿，鲜艳青翠得可爱，叫人都几乎要忘了她是只青虫的，现在只剩了没有年轮与进化的苍老，孤零零的，既难看得没有一点美感，又连飞翔的本领也早已没有了的。

只能于心不甘地看着苍茫的天空里有其他许许多多斑斓的蝴蝶美丽骄傲自由地翩跹着，到最后是连抬头的力气都没有了，一低头终于发现了自己蠕动着的湿黏黏的身躯，连她自己都不敢相信自己的眼睛，一惊心就要凄厉地尖声叫出来，却悲哀地发现自己连叫喊的气力都没有了。

当年那个要成为世上最美的蝴蝶，要充满璀璨光华地过自己的一生，要自己挥一挥翅膀就让世界震动的宏大的梦想，早已是被他抽干抽尽了，而他又并不曾好生看顾着呵护着，于是终于不知道往哪里去了，并且再也找不回来了。她清楚地知道这一点，然而她已经身心俱疲了，没有人帮她。她终于还是低下了她高傲的昂着的头，小心察看着她的伤口，尽管没有解药，有解药的人也是不愿意给的，连施舍都不情愿。

她不再梦想着年轻美丽与飞翔，她现在唯一的小小的卑微的愿望——爬到一个没有人的角落，好好地歇一歇，轻轻地喘一喘气，长长地呼吸几口新鲜的空气，慢慢地穿上一件可以遮蔽伤痕的衣服——都似乎成了妄想。对于这样一个本可以成为光彩夺目的蝴蝶，最后却沦落得比青虫还不堪的可怜又可悲的生物体，张茂渊还能说些什么呢？——“没有一个男人值得这样。”

这只可怜的老弱病残的青虫，自己给自己浅浅地疗了伤，终于还是振作了一些。她想起自己年少的时候，那时候是多么的意气风发，一度扬言将来自己的声名是要比林语堂还更盛的。眼下一切都成了过眼云烟，恍如隔世了。她终于还是安慰自己道：我是最不多愁善感的人，抵抗力很强。

于是她也就信了，靠着这自欺欺人的麻木，想要发了雄心将一切都相忘于江湖，不再为任何人任何事出卖自己的感情了。那时候她想过要死给母亲看，后来对于胡兰成也有过想自杀的念头，但是最终她忍住了。她开始懂得审视自己，不再盲目地沉溺其中。她知道那样做是太笨了——胡兰成那一套疯子似的逻辑，能说服自己随便相信什么。

到那时候她真的死了，他也会自有一番解释的，会说死了倒也很好，于是就又一团祥和起来。不，她不要这样毫无意义地死去，这样的牺牲损失的只有她自己，与胡兰成毫无关联，不痛不痒，倒是会给他又添了一笔可供炫耀的谈资罢了。

她不会再那样傻了。

后来黄逸梵和胡兰成陆续都回来了。

见到多年未见的母亲，张爱玲并没有怎样的喜悦与振奋，她只想着终于能将钱还她了。自然她母亲是不肯要的。一开始张爱玲并没有想到她母亲以为她还钱是要断绝关系，但渐渐地也觉得她不拿她的钱是要保留一份感情在里面。

但是张爱玲对她亦是一样的没有感情可言了——“不拿也就是这样，别的没有了。”张爱玲心里这样说。她间或也问起张爱玲对胡兰成的态度，张爱玲也只是淡淡地答：“他走了。他走了当然完了。”但最终黄逸梵还是又走了。她这次回来是否要预备住下来不得而知，但是当然也是被张爱玲气走的。

她母亲走后不久，胡兰成又来了一趟。这次来，胡兰成还是不知廉耻地对张爱玲予取予求，但张爱玲对他终究是两样了。他说，你这样美；他说，你讲上海话的声音很柔媚。张爱玲都再没有怎样的反应了。

胡兰成说要喝酒，她也只是淡淡地答道：“这时候我不知道可以到什么地方去买酒。”脸上没有笑容。她要用行动让胡兰成明白，他们俩之间是不会再有什么了。

其间胡兰成还因为张爱玲没有留斯颂远吃饭责备了她。她亦是不再忍了，冲口而出：“我是招待不来客人的，你本来也原谅，但我亦不以为有哪桩事是错了！”这是两人第一次吵架，也将是最后一次了。

晚上两人分房而睡。次日一大早胡兰成来她房里推醒了她。她一睁开眼，忽然双臂围住他的颈项，轻声道：“兰成。”

其实早在先前胡兰成在武汉时，遭遇大轰炸，正是处在生死的边缘，生命受到威胁之际，他曾脱口而出一声“爱玲”。那个时候，他还是爱她的、依赖她的。然而眼下，他只觉得尴尬的窘意。是呵，再也回不去从前了。无论胡兰成爱听不爱听，这都是张爱玲最后一次这样呼唤他了。

这也是他们俩最后一次见面。

他走后她写了封信给他，叫他不要再写信来了。此后再有胡兰成的信寄来，她只当是收到死了的人来的信。她是决意要与胡兰成相忘于江湖了——因为她知道，绝无可能与他相濡以沫、白头到老的。

1947 年 6 月 10 日，张爱玲给胡兰成写了“最后通牒”：“我已经不喜欢你了。你是早已不喜欢我了的。这次的决心，我是经过一年半的长时间考虑的。彼时唯以‘小吉’故，不欲增加你的困难。你不要来寻我，即或写信来，我亦是不看了的。”

情种将伊人化为青冢，独向黄昏。青冢是孤寂的，独自一人，迎着尘世里的风雨，迎着天空里的落日，静静地消逝了时光。

第六卷

华丽转身／翩然化作春江水，人生聚散两依依

「 第一节 」

出名要趁早

她本是一片蔚蓝，忽而有了白云的点染，忽而下了雨，忽而雨住了，忽而云走了。然而蔚蓝再也不是那样的蔚蓝，即或是没有了白云，那一片空白亦只是自顾自地存在了，再除不去。

张爱玲的空白，很大一部分原因是因为胡兰成。

未遇见胡兰成之前的 1943 年，是张爱玲创作的高峰期。她一生之中许多脍炙人口的名篇多出于这一时期。

我们耳熟能详的《沉香屑 · 第一炉香》《沉香屑 · 第二炉香》《茉莉香片》《心经》《倾城之恋》《琉璃瓦》《金锁记》《封锁》均出自于这一时期。

其中《金锁记》还曾得到哥伦比亚大学东亚文学系夏志清教授的高度评价，认为《金锁记》“是中国自古以来最出色的中篇小说”。

著名学者、翻译家傅雷先生也称赞《金锁记》“是我们文坛最美的收获之一”。就连多年前的稚嫩之作《霸王别姬》，也自有一番风味的。然而遇见胡兰成之后，情况就逐渐地与以前不同了。

两人互相引为知己之后，便来往一日密于一日，胡兰成几乎是一日一来的。两人终日侃侃而谈，各抒己见，总有着说不完的话。

思想的交流自然是好的。萧伯纳曾说过：“当两个人交换一个苹果，得到的还是一个苹果；而当两个人交换一种思想的时候，得到的却是两种思想。”两人思想的碰撞自然也引发出不少火花，彼此都对对方的思想有所影响，也使得自己的思想有所增益。

纵使这样，客观地说来，也是张爱玲对胡兰成的影响多而有益，胡兰成对张爱玲的影响则是少的，并无多大的“增益其所不能”之处。

两人并坐看一本书，那书里的字句便像街上的行人，只与张爱玲打招呼。更何况两人终日相谈甚欢，“男的废了耕，女的废了织”，少有时间构思创作。太多的随兴而谈，大脑就会空虚。流淌的啤酒堆不起泡沫。

孔子也说“学而不思则罔，思而不学则殆”的。本来张爱玲的学与思是两相平衡、恰到好处的，胡兰成一来，便完全地打乱了这种平衡——多是思，而疏于学了，于是结果只能是有害的。

鱼与熊掌大概从来都是不可兼得的。就在两人感情日渐升温的时候，张爱玲的创作却逐渐从巅峰开始“销声匿迹”了，想必也是物盛极必衰的规律起作用了吧。她的创作空白期越拉越大，越拉越长，直至白得一片刺目，她才忽然有所醒悟，但终究亦是不悔的——因为胡兰成。

一开始她只当是点染，密集的枪林弹雨过后，有片刻的安静也是好的。但安静了太久，忽然会叫人心慌。城内的人没有底，城外的人也没有底。

其间张爱玲受胡兰成的影响曾经也写过一篇较好的散文。但与其说是受胡兰成影响，不如说是张爱玲自己洞察世事透彻得紧，心如明镜，不惹尘埃，使得从胡兰成嘴里说出来平平淡淡普普通通的一则小故事，也被她演绎生发，造出一个打动无数人的故事来，它便是《爱》了：

有个村庄的小康之家的女孩子，生得美，有许多人来做媒，但都没有说成。那年她不过十五六岁吧，是春天的晚上，她立在后门口，手扶着桃树。她记得她穿的是一件月白的衫子。对门住的年轻人，同她见过面，可是从来没有打过招呼的，他走了过来，离得不远，站定了，轻轻地说了一声："噢，你也在这里吗？"她没有说什么，他也没有再说什么，站了一会，各自走开了。

就这样就完了。

后来这女人被亲眷拐了，卖到他乡外县去做妾，又几次三番地被转卖，经过无数的惊险的风波，老了的时候她还记得从前那一回事，常常说起，在那春天的晚上，在后门口的桃树下，那个青年。

于千万人之中遇见你所要遇见的人，于千万年之中，时间的无涯的荒野里，没有早一步，也没有晚一步，刚巧赶上了，那也没有别的话可说，唯有轻轻地问一声："噢，你也在这里吗？"

这篇不足四百字的小散文，作于1944年4月份，正是与胡兰成相逢两月之后。此外也还有《红玫瑰与白玫瑰》这样的佳作，然而为数确实不多。此间创作一直断断续续，即或有，也是易成的散文，少有巧具匠心、精心构思的长篇著作了。

直到这年 11 月份，胡兰成抽身办了一份叫《苦竹》的刊物，张爱玲为了支持他，陆续有了紧凑的作品发表。张爱玲在上面发了散文《谈音乐》、短篇小说《桂花蒸阿小悲秋》，并且重发了《自己的文章》。

其中，《桂花蒸阿小悲秋》是张爱玲偏爱的一篇小说，九月里便完成了，但是为了在胡兰成的刊物上发表，硬是将它生生地搁置了两个月。

此外，《谈音乐》也是一篇为数不多的好文章，发表后随即被收进散文集《流言》里，作为该书的压轴之作，也是书中为数不多的好文章之一。此外也有其他作品发表在其他刊物上，但总是没有给胡兰成的这般好了，可见胡兰成对张爱玲的影响之深。

而如果说张爱玲此时的创作只是不如之前那么鼎盛的话，一年之后，则是完全蛰伏了。

1945 年，抗日战争胜利，胡兰成被列为汉奸。他是早早地想好了退路，躲去乡下了，却抛下张爱玲一个人，留在充斥着民众盲目的正义与激愤的上海，独自一人面对漫天的叫骂，举步维艰。

各个报纸刊物都有对她的口诛笔伐，说她是汉奸妻，是文化汉奸。还有人专门写作了一本《女汉奸丑史》，将张爱玲、苏青同汪精卫的妻子陈璧君、特务头子吴四宝的妻子佘爱真、日本影星李香兰并列称为女汉奸，尤其指责张爱玲“愿为汉奸妾”的“无耻”。

而此时的胡兰成，却是在乡下另谋出路，并不怎样顾念张爱玲，也从来不因为自己这样的拖累于她而感到于心不安。即或是从乡下来上海一回，寄住在一个日本朋友家里，张爱玲每天小心谨慎地去看他，他也没有怎样的感激，反倒是与他那个日本朋友的妻子偷了情的——这于他是最习以为常的了。

有一日他来到张爱玲家中，对她说："我前一向真是痛苦得差点死了。"张爱玲听到这话心凉了半截，想道："他完全不管我的死活，就知道保存他所有的。"

而除了"汉奸妾"这个罪名之外，张爱玲还有其他曾经的疏漏之处给人以攻讦之处的。虽然对于政治，张爱玲向来是极其淡漠的，但还是给人抓住了把柄。张爱玲为了迫不及待地成名，再加之对政治确实也是漠然，对所发表作品的刊物并没有经过太多的考虑，能支持她的，她便照单全收了，其中最给人以把柄的是《杂志》月刊。

《杂志》月刊是在《紫罗兰》之后第二个发表张爱玲小说的，继而《倾城之恋》《金锁记》《花凋》《红玫瑰与白玫瑰》等都相继推出，可以说对张爱玲的成名是功不可没的。

但这个刊物的背景很复杂，它附属于《新中国报》，而《新中国报》的后台则是日本领事馆，它是有着鲜明的政治色彩的。

其间一直都很欣赏她，也一直鼎力支持她的《万象》编辑柯灵，曾苦口婆心地劝过她，给她分析过利弊——"以你之才华，不愁不见知于世，望你静待时机，不要急于求成。"然而她并没有放在心上。

她只是单纯地觉得要"趁热打铁"的："啊，出名要趁早呀，来得太晚，快乐也不那么痛快。个人即使等得及，时代是仓促的，已经在破坏中，还有更大的破坏要来。"

连郑振铎也为她多有担心，且是为她想了万全之策的：写了文章先别急着发表，交给开明书店保存。如果稿费着急要，也是可以由书店给她预支的，等抗日战争结束之后再统一付梓。这应当是比较可行的办法了，但是张爱玲太年轻气盛了，她等不及。

就这一点，便足够“有心之人”攻讦她了。再加上她还接到过第三届“大东亚文学者大会”的邀请书，报纸上还登出了她的名字。尽管她声称未曾参加，并去信请辞，但缺乏人证物证。很多人还是认为，如果不是与汪伪政权有暧昧关系，她会列入被邀请名单吗？总之无论如何是脱不了干系的。

张爱玲对此一概表示沉默，不予回应。此时各家刊物碍于局势自然也不敢再发表她的文章，甚至是她一度计划写作的长篇小说《描金凤》最终也付之阙如了。

她是再度尝到了媒体的厉害的了——可以把你捧上天的人，同时也可以把你砸下地狱。柯灵曾经在他主编的《文汇报》上发表过一篇推荐张爱玲即将出版的《传奇》（增订本）的文章，事后也备受指责。那时候张爱玲的境地真可说是四面楚歌的。

对于这一时期张爱玲的状态，她的弟弟张子静曾经说过：“抗战胜利后的一年里，我姊姊在上海文坛可说是销声匿迹。以前常向她约稿的刊物，有的关了门，有的怕沾惹“文化汉奸”的罪名，也不敢再向她约稿。她本来就不多话，关在家里自我沉潜，于她而言并非难以忍受。不过与胡兰成婚姻的不确定，可能是她那段时期最深沉的煎熬。”

大概世间的事从来都是这样的吧——笑，全世界便与你同声笑；哭，你便独自哭。

这样的日子持续了有一年之久，张爱玲一直未做正面回应。直到 1946 年 11 月，《传奇》（增订本）出版时，她才在前言中做了简短有力的辩白：

“我自己从来没想到需要辩白，但最近一年来常常被人议论到，似乎被列为文化汉奸之一，自己也弄得莫名其妙。我所写的文章从来没有涉及政治，也没有拿过任何津贴。想想看我唯一的嫌疑要么就是所谓‘大东亚文学者大会’第三届曾经叫我参加，报上登出的名单内有我；虽然我写了辞函去，那封信我还记得，因为很短，仅只是：‘承聘为第三届大东亚文学者大会代表，谨辞。张爱玲谨上。’报上仍旧没有把名字去掉。”

“至于还有许多无稽的谩骂，甚而涉及我的私生活，可以辩驳之点本来非常多。而且即使有这种事实，也还牵涉不到我是否有汉奸嫌疑的问题；何况私人的事本来用不着向大众剖白，除了对自己家的家长之外仿佛我没有解释的义务。所以一直缄默着。同时我也实在不愿意耗费时间与精神去打笔墨官司，徒然搅乱心思，耽误了正当的工作。但一直这样沉默着，始终没有阐明我的地位，给社会上一个错误的印象，我也觉得是对不起关心我的前途的人，所以在小说集重印的时候写了这样一段作为序。反正只要读者知道了，就是了。”

这样细致而又沉稳的话从这朵尘埃里的花中吐出来，成了对天空里的滚滚惊雷温和而又有力的还击。她是要挺直了腰杆的了——她为之而低的人已经离开，她要卫护自己。她还要开花结果，她要它们都大朵大朵地吐露着芬芳。

「第二节」

冬天已经过去

1945年8月到1947年4月的一年半时间里，张爱玲没有发表过任何作品，然而复出的念头，是早已有了的。早在蛰伏的时候，便已经计划着将来了。这时候的张爱玲，倒不再像是以前一味地为了出名了，只是日子还要过，母亲的钱还要还，胡兰成的钱亦是不能欠下的。

她已经沉默了太久，她要爆发。蛰伏复苏的时候，她要春雷滚滚，让世界震动。她要惊蛰，她要叫醒混混沌沌中的人们，她要她出来之后便是春分，她要向世人证明她的冬天已经过去，她要开始她新一轮的生命，她要为四季时序划一道界。

在沉寂一年半以后，张爱玲于1947年初正式要“惊蛰”了。

此次复出，她开始向电影业进发，写作电影剧本。其实写作电影剧本的经历，早在 1946 年的 7 月份便是有过了的。那次也还是柯灵牵的头，他邀请张爱玲去参加一次宴会，为她引荐了几位电影界的朋友。电影的天地便是那次之后向张爱玲敞开大门的。

其实柯灵也是受人之托。原来有个叫桑弧的年轻导演，久闻张爱玲的盛名，对张爱玲是仰慕已久的，而在观看了她的话剧《倾城之恋》以后，则起了要与她合作拍电影的念头。但又担心张爱玲孤傲的性格会将他拒之门外，因此不敢冒昧地向张爱玲谈合作事宜，于是便托柯灵出面牵线搭桥。

这次会面，桑弧等人绝口不题电影之事，只当是先熟识了，为以后的合作打下良好的基础。事实证明这样的策略是成功的，此后他们与张爱玲的合作持续了六年，直到 1952 年张爱玲离开上海。

这次宴会是张爱玲战后第一次参加集会，为此也是特意准备了一番的——“虽然瘦，究竟还年轻，打起精神来，也看不大出来，又骨架子窄，瘦不露骨。穿的一件喇叭袖洋服本来是姑姑的一条夹被的古董背面，很少见的象牙色薄绸印着黑凤凰，夹杂着暗紫羽毛。肩上发梢缀着一朵旧式发髻上插的绒花，是个淡白条纹大紫蝴蝶，像落花似的快要掉下来。”而她给人的印象则是“沉默寡言，带着女性的矜持，大约是她‘敏于思而讷于言’吧”。

那次之后，她与桑弧导演便逐渐地建立了联系。

《传奇》（增订本）的出版也是有赖于此的。张爱玲与桑弧熟识，因此与在文华公司负责宣传的龚之方也渐渐熟悉，于是托龚之方帮忙出版事宜。龚之方与桑弧为此都出了不少力。

封面的设计是张爱玲尤为满意的。书名是书刻名家邓散木先生所提，庄重的基调先已奠定。而封面的编排设计则是由炎樱亲自操刀。封面的构思相当独到——封面的下方是一个古代的厅堂，一张四方桌，太太在玩骨牌，奶妈与孩子在一旁看；画面的上方，却是一个巨大的没有五官面貌的现代女子，从窗户里探进来，幽魂一般地观望打量。

张爱玲对此说过："很突兀地，有个比例不对的人形，像鬼魂出现似的，那是现代人，非常好奇地孜孜往里窥视。如果这画面有使人不安的地方，那也正是我希望造成的氛围。"

《传奇》（增订本）的问世，一方面是投石问路，另外一方面也很是给张爱玲鼓舞了一些士气的，同时也增进了双方的合作。对于张爱玲来说，最重要的还不在于这些。关键在于，她拿了稿费，寄去给了胡兰成，终于不再欠他什么，可以随时和他离婚的了。

《传奇》出版之后，桑弧与龚之方一起登门拜访，洽谈电影剧本写作事宜。张爱玲最终应承下来。没过多久，她便写出了《不了情》。

《不了情》1947年4月在上海公演，是张爱玲复出的"第一炮"。影片是桑弧本人执导的。张爱玲虽然顶着骂名已是在文坛沉寂了一年有余，1946年底才重出了《传奇》，然而她的文才是毋庸置疑的，她的声名仍然是远播着的。这个电影，编剧就是她，加之男主角刘琼、女主角陈燕燕都是当红明星，因此影响很大，轰动一时。

果然不出张爱玲所料，春雷是滚滚而来的了。"第一炮"既打得如此之响，张爱玲与桑弧等人便都有了信心，于是双方继续合作，作品接二连三地出来了。

没多久，张爱玲的第二个电影剧本《太太万岁》也脱胎而出。电影上映之后，效果还是很好的，红极一时。当时上海四大影院同时上映该片，仍是场场爆满，一连放映了两个星期。报纸上有评论为“巨片降临”，这样的评价是不错的。就连在温州的胡兰成也去看了一场，也说是观众反响热烈的。

然而，张爱玲不知道的是，春分之后便是清明了。清明的天气最是惹人烦厌，尤其是对于想要姹紫嫣红满园春的张爱玲来说。雨下得绵长又阴郁，将一切都笼罩在烟雨蒙蒙之中了。哪里只是雾里看花看不分明呢？密雨中的事情一样是不真切的。

不仅是这不懂得看人心愿的天气，就连这时节都仿佛是专门为了她而设的，既像是对她过去的埋葬，又像是对她现在的祭奠，更像是对她未来奠定了灰色迷蒙的底色了。是呵，她终究只是个人，怎能“与天公试比高”呢？

先是改自《不了情》的小说《多少恨》，与此前同为复出之作的《华丽缘》一同都发表在《大家》上，然而反响不佳。再是《太太万岁》乐极生悲，招来了许多左翼人士的攻击。

如果说《华丽缘》与《多少恨》的不成功还是因为张爱玲本人状况的不佳所致——抗战胜利后，张爱玲试图改变文风，向普通大众靠近，反弄得“画虎不成反类犬”——那么，《太太万岁》的祸端则真是不速之客、飞来横祸了，于张爱玲是真真的冤屈。

《太太万岁》叙述了一位叫作陈思珍的悲剧性人物。她在家中没有地位，虽费尽心思讨好丈夫与婆婆，还是没有好下场。张爱玲在经过此前一年多的“风雨洗礼”之后，为人开始变得小心谨慎了许多。大概是料想也许会有人以此为攻击的目标，因此电影上映之前她还特地发表了一篇名为《〈太太万岁〉题记》的文章来做“盾牌”的：

“《太太万岁》是关于普通人的太太，上海的弄堂里，一幢房子可以有好几个她。”

“我并没有把陈思珍这个人加以肯定或袒护之意，我只是提出过有这样一个人就是了。”

“出现在《太太万岁》里的一些人物，他们所经历的都是注定要被遗忘的泪与笑。”

然而即使是这样，还是堵不上“流言”的“嘴”。

许多激愤的文人看客，或是由于浅薄无知，或是本来就没安好心，在各大报纸上对《太太万岁》及张爱玲本人都进行了激烈的攻讦。张爱玲此时又采取了同此前一样的应对办法——沉默。从始至终，她对这场“文字狱”都未置一词。

自此之后，张爱玲又进入低潮时期——本已在筹拍中的《金锁记》因为这一场风波戛然而止，《大家》又停了刊的。于是，张爱玲也随之搁笔了。

再次的复出则是在1950年了。

那年，龚之方重办了一份《亦报》，又来请张爱玲出山，请她写一部长篇小说在他的报上发表。张爱玲随即以梁京的笔名在报上连载了《十八春》，反响异常热烈。张爱玲的清明、谷雨大概是过去了吧，夏天的影子婀娜地现了一现，不知道会不会长久。

她再也不敢下怎样的宏愿了——她对自己的身份是逐渐地认清了。她终于觉得自己不过是滚滚洪流中的一簇浮萍，漂到哪里是哪里，无依无靠，亦无牵无绊。水涨船高的时候，她也跟着涨；天旱水涸的时候，她也只有径自枯萎的分，除了她自己，又有谁在乎呢？甚至连她自己都不再在乎些什么了——母亲、父亲、姑姑、弟弟、胡兰成，有哪一个值得她牵绊的呢？她本也就是淡漠惯了的。

她曾经写过一篇文章，说的是她做“无良”护士的一次经历。

病房里的病人痛苦地呻吟号叫，她只觉得不相干，无动于衷，置之不理。后来病人死了，她亦没有怎样的心痛。而对于小孩子，她亦没有怎样的喜爱，她也从来都不想要孩子，因为觉得如果有小孩，一定会对她坏，替她的母亲黄逸梵报仇。

最易令我们心生怜悯之情的病人与小孩，于她来说都是不相干的事了。命运已将她值得爱的与爱她的都剥夺去了，连爱与被爱的权利都没有，她何不乐得做一簇浮萍呢？虽然孤独，毕竟自由，亦是不会再受伤害的了。热闹与她是不相宜的。热闹之处，于她皆是伤痛，再无其他。

彼时的张爱玲已经是从绚烂归于平淡的了。经过两场“飞来文祸”，作品的文字已不复之前的张扬跋扈、毕露锋芒了，她开始学着“低眉顺眼”——当年她还担忧胡兰成在乡下的日子是寄人篱下，却不想她现在亦是寄人篱下，看人家的脸色吃饭的了。

她在报上连载的《十八春》，是根据美国作家马宽德的小说《普汉先生》改编的，一边登一边写，好看着大众的反应来设置一些迎合众人口味的情节。小说自然是大获成功的。

一方面极大地满足了市民的精神需求，一方面又一次振了自己的名声——尽管署的作者名是笔名梁京，但大家也几乎都能“嗅”出来是张爱玲的味道。再说得遥远一些，对马宽德及其小说的传播也是做出不小贡献的。在张爱玲自述《十八春》是改编自《普汉先生》之前，很有些人都是不知道马宽德其人的，直至因了张爱玲而溯源至《普汉先生》拜读之后，方才知晓。

这大约也可算作是“三美团圆”的了。只不过胡兰成团圆的是女人，张爱玲团圆的是文字。这是决定了他们一生的走向的。

《十八春》是1950年3月开始连载的，到7月份，上海召开第一届文学艺术代表大会，邀请了张爱玲参加。

到场之后，“她坐在后排，旗袍外面罩了件网眼的白绒线衫，使人想起她引用过的苏东坡诗句‘高处不胜寒’。那时全国最时髦的装束，是男女一律的蓝布和灰布中山装，后来因此在西方博得‘蓝蚂蚁’的徽号。张爱玲的打扮，尽管由绚烂归于平淡，比较之下，还是显得很突出”。

“张爱玲当时坐在会场看眼前的光景，心里想的是什么，没有人知道。”

从声名正盛、与胡兰成相识时的二十四岁，情场、文场皆得意，到而今经历大起大落之后坐在文艺学术代表会会场后排看尽世间百态的三十岁，茕茕孑立，不过才六年。然而这六年，就像是耗尽了她一生的感情、才情与精力一样，回首看的时候，竟已是恍如隔世了。

也许《十八春》里的两句话道出了而立之年的张爱玲对自己的人生最深切沉痛的看法：

“政治决定一切。你不管政治，政治要找上你。”

“我们回不去了。”

张爱玲的“兴兴轰轰橙红色时代”，永远地回不来了。

年轻的时候，她还哭过，为着“发现无论什么事都有完的时候”。现在，命运轮转，一切都应了她“发现”的，她却再也不会掉一滴泪了。

雨是早已下完的了，是的，倾盆大雨也是有下完的时候的。雨后的世界是清晰的，一如她的情感，是清醒的。雨后看世界，正是最好的时候，最佳的视角。世事此时对于任何人都是没有抵抗力的，因为它经过雨的洗礼。

「 第三节 」

新恋，如虹

这是雨过天晴后的一抹彩虹，像斜挂在天空的一个微笑，用来安慰世间受伤的孩子。太阳的光芒慢慢地出现了。

张爱玲的新恋，竟是桑弧。

与桑弧正式的相见，是柯灵牵线的那一回。然而那时见面，她与桑弧之间的气氛却是尴尬的。缘何尴尬？事情还要从柯灵说起。

尽管在外人眼里，柯灵帮了张爱玲不少忙，关键时刻总是为她奔走的，但他在她的眼里，却总是来者不善的。

或许也是因为张爱玲品评人比较苛刻，“像穿的新衣服对于不洁特别触目，有一点点污损或秽亵，她即刻就觉得”，因此对于同胡兰成一道都认识的几个文化人，她曾经说过“又不干净，又不聪明”这样的“评语”。

柯灵因为办《万象》，被日本人疑心是共产党，有一次被抓到宪兵队里去，正好给张爱玲看见了，回来给胡兰成说了一嘴，于是胡兰成便出手相救，张爱玲夹在中间也帮了些忙。

这时的张爱玲还不清楚柯灵的底细，因此还是持中立态度的。一方面是听苏青和胡兰成都说过他人好，另一方面又因为知道他有三房太太，一房正式的在乡下，另两房也只不过是同居，因此并无怎样的好感。

柯灵从宪兵队里出来之后，总以为是张爱玲打点救的他，因此不仅此前他两位同居的太太双双登门道谢过，后来他也曾三次登门，令人直以为“不知道他这算不算求爱”。

张爱玲对这话是觉得侮辱了她的，然而也幸亏这话点醒了她——柯灵“会错了意，以为她像她小时候看的一张默片‘多情的女伶’，嫁给军阀做姨太太，从监牢里救出被诬陷的书生”。不仅如此，柯灵每次来给张爱玲的印象也并不好。她觉得柯灵说话圆融过分，总是微笑嗫嚅着，简直叫人听不见他在说什么，且就是听见了，也是话不投机的，觉得是在“对牛谈琴”。

及至后来胡兰成去乡下躲难后，她又在电车上遇见他。他很熟络地招呼着，从人群中挤了过来，来到她跟前。先只是寒暄着，待到拥挤时，忽然用膝盖夹紧了她的腿。尽管她向来反对女人打人嘴巴子，但此刻都忍耐不住很想打他一个嘴巴子了。只是因为这样便会很引人注目，尤其像这样是熟人，于是她也就没好意思动。

她想起以前他刚从宪兵队里放出来来她家登门道谢时提及的老虎凳，那时是“十分好奇，但是脑子里有点什么东西在抗拒着，不吸收，像隔着一道沉重的石门，听不见惨叫声”。而此刻她却从他的膝盖上实实在在地知道了老虎凳的滋味。他的行为仿佛在告诉她——汉奸妻，人人可戏。

经此一着，张爱玲对柯灵的印象显然坏到了极点，对于他介绍来的朋友，自然也是先入为主地没有什么好印象。再加之桑弧向她这边过来时，动作幅度大了些，带点夸张，因此不禁使她想起电车上的柯灵来，觉得来意不善，近乎“乐得白捡个便宜”的态度，让张爱玲很不舒服，因此她便淡笑着望向别处去了。

而张爱玲对他的感觉使他也觉得了，于是默然抱着胳膊坐着，始终默然。于是，张爱玲便没有开口叙说那次相遇的经历，但是他的沉默震撼了她。另外，她也觉得，桑弧还是比她大几岁的人，却穿着件毛烘烘的浅色爱尔兰花格子呢上衣，仿佛没穿惯这一类的衣服，稚嫩得使人诧异。

第一次见面便是这样结束了。而后桑弧拍了她写的《露水姻缘》，偏又改得非常牵强，使她都要看不下去。

但是就是这样似乎并不好的开端，结果两人却越走越近，最终在一起了。许是两人经常因为剧本而来往，加之张爱玲此时正是对胡兰成失望透顶的时候，桑弧又总是对张爱玲欣赏甚至是崇拜的，于是便成了今天我们所知道的这样一段恋情。

张爱玲不仅是成名要趁早，服装也是独特的，就连婚姻爱情也都是奇特的——她是先与胡兰成经历了婚姻，似乎都是“哀乐中年”了，却反过来与桑弧有了初恋一般的感情了。

命运总是弄人的。

他们俩在一起，几乎是欺骗了所有的人。那时张爱玲的母亲黄逸梵也刚回国。桑弧有一次来张爱玲家中做客，偏巧遇上她母亲生气，真像是个探头探脑地窥探他人隐私的老妇巫婆，将客室的门毫不客气地推开，又不留情面地关上，来去不说一句话。桑弧本就“稚嫩胆小”，此时见着她母亲，竟恐怖地说是“像个马来人”。

而黄逸梵对桑弧的印象倒还是不错的。她这次回国，正是要想办法尽一些从前没尽过的做母亲的责任。于是，她不仅是几乎无时无刻地窥伺张爱玲的身体以检查她的性生活情况，还要像个平常母亲一样为她介绍对象了。而她的目标中就有桑弧，但似乎又有些觉得桑弧高不可攀，于是最终也没有做出怎样的举动来。直到她临走，大概还是不知道他们俩有着怎样的关系的。

后来，桑弧再来的时候，张爱玲便与他依偎着坐着，在漫天橙红的晚霞里，跟他诉说着她与她母亲的事。

“兴兴轰轰的橙红时代”过去了，诉说着的是遥远的记忆里灰白色的画面，并没有怎样的味道，也没有浪漫的话。也许是对象不同了吧。当初与胡兰成诉说着的时候，他们是互相懂得的，因为懂得，所以宽容。

然而与桑弧说这些她陈年里的往事，不过是为了要跟他解释。末了，她说：“给人听着真觉得我这人太没良心。”而桑弧说：“当然我认为你是对的。”张爱玲听了，只觉得心里一阵灰暗。张爱玲这样聪慧的人，怎能不知道，此刻的桑弧说的那句话不过是为了应景，他未必真觉得她是对的，只不过恋人的立场需要他这样说。

他并不懂得她，然而她除了他之外，再没有可依靠的人了，她需要他。除此以外，还是因为她在他身上体会着初恋的快乐——“她觉得她是找补了初恋，从前错过了的一个男孩子。他比她略大几岁，但是看上去比她年轻。”

刚认识的时候，张爱玲曾经对桑弧说，她不再看电影了，是因为一种习惯，打了几年仗，没有美国电影看，也就不看了。她其实不过是为了省钱，也许还夹杂着“对胜利者的一种轻微的敌意”。而这不经意说的一句话，却使得桑弧对她肃然起敬了，因为在他看来，这仿佛是一种忠贞。

隔了些日子，他又说：“我觉得你不看电影是个损失。”于是也陆续地带张爱玲去看了几场电影的。看电影的时候，他的那种专注反倒令张爱玲也对他肃然起敬了。因为“文人相轻，自古皆然”，张爱玲想自己除了苏青的文字，其他女作家的文章也是向来不看的。然而他竟然能够对其他人拍的电影如此聚精会神地看——灯光一暗，内行的眼光便射在屏幕上。原来他们两人的开始，是以互相的“肃然起敬”拉开帷幕的。

除此以外，桑弧对张爱玲还是觉得高深莫测的。两个人谈话的时候，他并不都能理解。有一次张爱玲说了半天，他问，喂，你在说些什么?

戏剧性的是，他反倒与张爱玲的姑姑有谈得来的时候。因为桑弧是上海本地人，对上海的历史变迁比较了解，有时候提起一些建筑物的轮换沧桑，两人不仅谈得津津有味，而且是抢着讲的了。而张爱玲虽也喜欢上海，但毕竟年轻，经历得少，不像姑姑那么有沧桑感。

有时候在旁边听着他们的谈话，她会感到一丝妒意。这时也正是黄昏时候，房间里渐渐地黑下来了，但她为了不使他们以为她坐在旁边听得不耐烦，于是克制着自己没站起来去开灯。但他们还是觉得了，有点讪讪地住了口。

他们的故事情节里，总有许许多多都在黄昏。也许是为了弥补她那个人生里“橙色时代”的逝去，于是用自然界的“橙色时刻”来替代。还是一次黄昏，张爱玲与桑弧来到江边的码头，“不过是隔着条黄浦江，但是咫尺天涯，夕阳如烟如雾”。就是在这样的时刻，桑弧忽然说：“你的头发是红的。”原来是夕阳照在她的头发上。这是他少有的浪漫的话。

平时两人是并不怎样懂得浪漫的，就是出去下馆子，有时老远地跑到城里去，却不到时髦的饭馆里，尽找些冷清清、灰扑扑的旧式北方馆子，一个楼面上就他们一桌人。

也许还是为了躲避大众的视线吧。桑弧虽说与张爱玲爱恋着，但总是担心张爱玲传出去的“汉奸妾”的狼藉名声会拖累了他的事业。

张爱玲也知道这一点，于是总是顺应着他的要求来，也极力地帮他隐瞒掩盖。两人因为合作电影事宜走得近了以后，外界一度揣测他们俩是在一起的了，有时“绯闻”传得沸沸扬扬的时候，连不少周围的朋友都要“信以为真”了——那自然是真的，只不过双方当事人都是在极力声明的，两人都是一味地否认。

及至龚之方有意上门撮合的时候，张爱玲的回答也是“摇头摇头再摇头”，一味地摇头。再加之平日里两人相见的时候总是备加小心谨慎地不叫人看见，于是“绯闻”也就渐渐地息了。

张爱玲为了桑弧是如此地设身处地，平时的细节也能体现出她的迁就——她的那件车毯大衣，下摆原来保留了羊毛排穗，不然不够长，但是因为桑弧说有点怪，竟就把它剪掉了。要是以前的张爱玲，谁能让她动她的衣服分毫呢？

然而桑弧竟还是在意她的“汉奸妾”身份的。有时候他问她：“你到底是好人还是坏人？”虽然是笑着打趣似地问，但还是听得出来他在问她与胡兰成的事——他在外头自然是听见说的，但跟张爱玲熟了之后，又觉得不像，于是总要问个明白。

张爱玲回避似地不作答，说：“倒像小时候看电影，看见一个人出场，就赶紧问‘这是好人坏人？’”桑弧听了这话，知道她是不愿作答，于是把话题先扯到其余的地方去，说，“你像只猫。这只猫很大。”又说，“你的脸很有味道。”这样拥着她喃喃了一番，最终还是问道：“你到底是好人还是坏人？”

张爱玲虽厌恶这样的问话，但是也知道不回答他，他便永远都会惴惴不安，一直都会追问，于是便淡淡地说了句：“我当然认为我是好人。”说完看见他眼里陡然有希望的光，心里不禁皱眉。除他以外，他的一些较亲密的朋友有知道这件事的，也都不赞成的。

因为胡兰成，多少人拿异样的眼光看她，多少人就此相轻于她。她因为他付出了这样沉重的代价，背负着这样沉重的骂名与十字架，难以解脱。而胡兰成对此不仅没有丝毫的愧怍，反而予取予求——他又来了，把张爱玲这里当作下榻的旅馆一般，而张爱玲则是天下最忠诚却又最廉价的服务员。

天空是最广博的、毫无计较的，而云则是顽皮的。追究起来，这便是自私，便是不负责任。他在天空里来来去去，游移不定，变幻万端。而天空只是兀自地在那里，不来不去。

「第四节」

翩然作别，不起涟漪

然而又有这样的一片云飘来，怕是要相撞了。但是天空没有能力将它们分开。它只是它自己，阻拦不了任何其他事物。要撞，就让它们撞吧，最多不过是再下一场雨，它受得住。即或是成了雪，它亦是不畏惧那寒冷的了。

胡兰成回来了，正是他们俩最后见面的那一次。

他刚在客室里坐下来，那边电话便响了。张爱玲去接电话，是桑弧。“她顿时耳边轰轰隆隆，像两簇星球擦身而过的洪大的嘈音。她的两个世界要相撞了。”张爱玲尽管是极力地敷衍，桑弧还是觉出些什么了，他于是有点不高兴，说没什么事，只说改天再谈，随即便将电话挂断了。

胡兰成走后，张爱玲跟桑弧说起这次见面——自然是要说的，即使他俩并没有撞见。他需要解释。他不是大方的人，也不是大胆的人。

他说："他好像很有支配你的能力。"张爱玲避而不答，道："上次看见他的时候，觉得完全两样了，连手都没握过。"意思不过是要他放心。然而桑弧忽然很大声地说："一根汗毛都不能让他碰。"张爱玲听了这话只觉得想笑，但同时也是觉得感动的。

之后，她写了信要跟胡兰成撇清关系，信也是给桑弧看了的。为了不让桑弧有压力，不要以为她要他负责，她还特意说："我不过给你看，与你没关系，我早就要写了。"

张爱玲迁就桑弧的地方太多了，远不止此。有一次张爱玲在搽粉，本想在眼窝鼻洼间留一点晶莹，因此没在这些地方铺上粉，但是桑弧说再扑点，于是张爱玲还是又搽上了。尽管如此一来脸上就像盖了层厚棉被，透不过气来，她毫不怨些什么。

然而当他们从电影院出来时，桑弧的脸色却很难看——就因为"她的面貌变了，在粉与霜膏下沁出油来"。张爱玲于是又因为这更加地在乎自己的容貌了。

为了桑弧来这儿开心，她每次都在他来之前做足了功夫。她想使皮肤紧缩，但又不敢去冰箱拿冰块，怕被姑姑看见，于是就把浴缸里的冷水龙头开得大一些，且要将它多放一会，等水变得冰冷了再把脸凑上去。但即使是这样，还是被姑姑给瞧见了。

张茂渊与她的母亲黄逸梵是同住过的，清楚地见证了她人老珠黄的色衰过程。此时看见张爱玲此举，不仅色变——又一代年华老去了。

更何况张爱玲向来瞧不得那种善于人情世故的"机构人"，偏偏桑弧就是个彻底的“机构人”。然而即使如此，张爱玲还是为他设身处地想了，她觉得在电影行业混的人，要是不会处世，就是干出个天来也没用。

然而就是这样，桑弧也还未必能来的。有一回一连下了许多天的雨，桑弧没来，张爱玲便跟着了魔似的，为伊消得人憔悴。她在笔记簿上写道：“雨声潺潺，像住在溪边。宁愿天天下雨，以为你是因为下雨不来。”

有时候连张爱玲自己都觉得惊讶，自己怎么会为了桑弧竟变成这样。有一回她问姑姑：“我怕我对他太认真了。”张茂渊却几乎是以不屑的口气说：“没像你对胡兰成那样。”张爱玲诧异极了，但也没有再往下说什么——她已经是这样的了，还不够吗？

她一向怀疑漂亮的男人——不光她自己一个人觉得桑弧长得漂亮，连不轻易夸人的张茂渊也这样说。胡兰成在的时候她最多也只不过说他眼睛亮而已——漂亮的女人还比较经得起惯，因为美丽似乎是女孩子的本分，不美才有问题。

然而漂亮的男人却是经不起惯的，往往有许多歪歪扭扭拐拐角角心里不正常的地方。不过她对他是初恋的心情，从前错过了的，等到了手已经境况全非，更觉得凄迷留恋，恨不得永远都逗留在这阶段。这倒是投了桑弧的缘，至少一开始是这样的。

她有时靠在藤椅上，边泪珠不停地往下流，边对桑弧说“没有人会像我这样喜欢你的”。然而紧接着又说，“我不过是因为喜欢你的脸”，一面仍旧在流着泪。桑弧于是走到大镜子面前，有点好奇似地看了看，把头发往后推了推——漂亮的男人果然是经不起惯的。

连张爱玲自己都没有察觉，她与胡兰成的口吻是越来越接近了——她对桑弧说的话，一如胡兰成对她的评价。胡兰成曾经说过：“我看你很难。”是说很难再有人像自己那样喜欢她了。又说，“天下人要像我这样欢喜她，我亦没有见过。”

恋人待一起久了，是会越来越相像的。怪不得当初在温州，张爱玲给范秀美画像时，因为范秀美的眉目间都有几分味道像胡兰成，是怎么都画不下去——因为由此知道他们的关系是不同寻常的了。

不知道桑弧若是作此推想，是该欢喜还是该悲哀。或许都不会有吧——他原本就不曾想过要与张爱玲白头偕老共度一生的，又何必太在乎谁像谁呢？那种“死生契阔，与子相悦；执子之手，与子偕老”的爱情，永远地只存在于《倾城之恋》里，最终同那座大都市的覆没一同消失在了张爱玲的世界里，她没的选择。

有时候他把头枕在她的腿上，她抚摸着他的脸，不知怎么会莫名地“悲从中来”，觉得是“掬水月在手”，已经在指缝间流掉了的。她又总是觉得他的眼睛有无限的深邃。她想，大概爱一个人的时候，总觉得他是神秘有深度的。

然而这又是她一相情愿的痴情想法了——大约只有她在爱一个人的时候是盲目的，是觉得对方深不可测的，是看不清对方的。而对方呢？无论是胡兰成还是桑弧，都是一开始觉得她深不可测、高不可攀，因而才倾慕甚至是爱慕的。及至真的在一起了，完完全全地得到她了以后，却觉得她不过是这样一个女人，除了才学之外，没有比其他人更特别的地方。及至最后都宁愿娶了其他人，亦是对她没有怎样的留恋的了。

除了这一点以外，胡兰成与桑弧还有相同的一点便是：都害怕单独跟张爱玲一起住，总要拉上她姑姑张茂渊才行。对于这一点，张爱玲唯有付之一笑，是苦笑，是无可奈何的笑，带着异乎寻常的沧桑与凄凉。

“热恋”了一个时期之后，桑弧有一回半开玩笑喃喃地说：“你这人简直全是缺点，除了也许还俭省。”又是像上次问她“你是好人还是坏人”时一样的语气。张爱玲微笑着不回答，心里却想着：“我就像是镂空纱，全是缺点组成的。然而它终究是美的，且美得走在时代前列。好与不好，全在你会不会欣赏。”她倒也刚好是爱穿镂空纱做的外搭的。

不久，张爱玲发现自己停经有两个月了，怀疑自己是有了身孕，于是把这事同桑弧讲了。桑弧自然是意外，也是没有做好准备的，即使提前做了这个打算，也是最坏的打算，并不乐意的。

桑弧强笑着，并没有为这个也许已经到来的新生命感到怎样的喜悦——于他而言，这只能是负担。桑弧低声说：“那也没什么，就宣布。”倒是张爱玲，她往前方看着，似乎是想要看透未来，然而她不能，于是只觉得前途一片灰暗，流泪道：“我觉得我们这样开头太凄惨了。”

之后张爱玲去医院做了检查，结果出来没有孕，并且说子宫颈是折断过的。次日桑弧来问检查结果，张爱玲将这些都与他说了，心里很凄惨地想道：他不但要觉得她是残花败柳，并且是给蹂躏得不成样子了的。桑弧对于她的检查结果不置可否，也并没有安慰或指责，但是幸免的喜悦是能够看得出来的。

大概是从这一场“虚惊”开始吧，桑弧开始为自己谋后路了。他不能跟张爱玲永远这么“地下情”下去，但同时他也不愿意公布他们的恋情，他没有将张爱玲明媒正娶回家的打算与胆量。他要早早地预备好抽身之计——物色好另外的女人，赶紧结婚，以示同张爱玲划清界限。与其说是要井水不犯河水，不如说是想泾渭分明。他怕张爱玲毁了他的前途。

桑弧原名李培林，原本是一家银行的职员，后来改入了电影这个行业，本来想一炮而红，没想到“偷鸡不成蚀把米”——反倒“一炮而黑”了。他想在这个行业继续发展的。更何况他本就不是那种有“不爱江山爱美人”的气魄与胆量的人，他小心翼翼地在这个行业里生存发展，不想得罪任何人，也不敢得罪任何人——他没有那个资本。

尽管后来看来，在他的一生里对电影事业的贡献可说是十分巨大的，但就那时而言，他还是籍籍无名的。更何况即使他名声大了地位高了，也未必敢娶张爱玲——这样一个平凡的男子，终究承载不了不食人间烟火的“九天玄女”。

不久，她便听说桑弧要结婚了，同一个小女伶。总以为要些时日，于是有一天问起，说：“预备什么时候结婚？”桑弧笑了起来，道：“已经结婚了。”就这样短短的两句对话，却立刻使人觉得像是有条河隔在他们中间汤汤地流着。两人都听到了流水声，不禁变色。张爱玲的心里像火烧一样。

但是桑弧的事，张爱玲从来没有后悔过，因为那时候幸亏有他。只是有时候她会触景伤情，心道：“现在海枯石烂也很快。”

她是再没有什么可留恋的了。对胡兰成已是死了心的，母亲亦是走了，桑弧已经结了婚，《十八春》也是连载结束了的，和姑姑也约好离开后彼此不通信不联络。

于是，1952 年 7 月，她走了，离开上海，去往香港。

汽笛一声长鸣，所有的回忆都埋葬在过去。云开雾散，她自己却是无论如何看不清的了。过去是蒙了面纱光着脚的印度女人，你可以看见她足的步态，却难以猜透面纱后的端容。而你惊鸿一瞥以后，却再也难以忘怀了。即使她渐行渐远了，手链上的铃铛还兀自不识相地响着，丁零零，丁零零。

第七卷

异国天空／悲欢离合一场戏，传奇终究是传奇

「第一节」

重回香港

时光的列车往前开，我们倚在岁月渐老的座位上，看着车窗上映着自己的脸庞，一条条皱纹在缓缓地蔓延，回过头去看，过去的林林总总依旧清晰。岁月有时恍惚得犹如一场梦，梦里的风景不会全都记得，只有某些街道某些商店，是这场梦的一些特殊标志。

有一些年代是有着特殊的记忆的，自从1948年之后，中国共产党就以排山倒海之势向国民党发起了全面进攻，从北平到长江，再到南京，国民党的军队有如强弩之末一般，瞬间失去了所有的势力。5月27日，全国最大的城市——上海解放了，未来到底是什么样子，张爱玲和这座城市的所有居民一样用一种迷茫的心态来等待全国的解放。

1949年的中国发生了翻天覆地的变化，新时代的巨变，人们在最初的时候肯定会有一些彷徨和不安，但是这样的彷徨并没有存在很久，人们的生活出现了新的气象。

作为一个作家，张爱玲的生活并没有很大的转变，每天仍然是读书看报，和姑姑住在一起的张爱玲，偶尔还会带着不爱交际的姑姑出门看场电影。有的时候，张爱玲会格外注意银幕上的那些小小的胶片噪点，她觉得这些噪点就像是生活里的瑕疵，烦乱但是无伤大雅，甚至还有着一些岁月琐碎的意味在里面。这时的张爱玲，过着有些一成不变的生活，但是她并不觉得自己的生活有什么不好。

到旧书店淘旧书是姑侄俩最大的爱好，也许不爱多言的女子都有这样安静的喜好，到旧书店去，鼻子里都是纸墨的老旧味道，那些书本都带着泛黄的痕迹，或许还有一星半点的霉斑和水渍，但是这并不影响这本书的价值，甚至书本上那些因为翻阅太多而产生的老旧痕迹还很讨人喜欢，书本的价值在于“旧”，如果一本书一直都是崭新的，那么它反倒失去了味道。

张爱玲和姑姑就最爱待在老旧书店里，花一整个下午的时间去淘书，然后满心欢喜地将书籍带回去细细品读，外面的事情怎样发生或者怎样结束，这与她无关！她只是一个作家，除了写字看书，其余的好像都和她没有什么关系。

在1948年的时候，张爱玲就用“梁京”这个笔名在上海《亦报》连载《十八春》，这是一部长篇小说，背景不过就是乱世，几个平凡的众生男女，世钧、曼桢、叔惠、翠芝，都是城市中的普通人，都有着普通的痴缠爱怨，但是就是这样的普通，打动了无数人的心灵。

有一位女读者在报纸上读到曼桢的悲惨境遇时，当场摔了报纸，声称“恨不得两个耳刮子打在梁京的脸上”；还有一位读者通过报社的熟人打听到“梁京”的地址，千里迢迢地来到张爱玲的住所门口，声称自己就是“曼桢”；甚至很多读者都来信请求“梁京”不要让曼桢再继续这样的悲惨人生！

《十八春》这部小说，将张爱玲的语言特点完美地展现出来了，欲说还休的婉转，精妙绝伦的叙述，这些文字连在一起，就像是一张铺满了彩色玻璃块的窗子，当阳光照射在上面的时候，会发出灿烂夺目的颜色，即使是在沉沉的夜晚，也有着醉人的炫目流彩。

性情可以决定这个人的艺术情趣，也许这就像是一种色彩一样，比如提起秋天，人们就想到金黄和收获，提到天空，人们就想到蓝色和宽广。而张爱玲，是一个彻底的悲观主义者，在她的笔下，有着太多伤感的颜色，这些伤感都透着颓废的华丽，就像有些发锈的月色。

张爱玲在当时那样空前高涨的政治热情中保持着自己的一点个性，但是时代的大潮难免会撩拨到身在其中的她。没有人能够抽离历史，如琥珀一样独自活在真空中。就像是交响乐一样，每一个人都要在这场演奏中担当各自的角色，就算你准备吹奏出来的声音小如蚊蚋，一开口你也会觉得自己的声音洪大高昂！

这样的背景下，张爱玲有一些惶恐，她想找一份工作，但这有一些困难，因为她的身份，没有单位能接受她。那个时代的身份超越一切，弟弟劝过她去教书，但是她深切地知道，在学校里，政治运动更是如火如荼。

不，她不能忍受这样的待遇，张爱玲把自己的种种际遇都回想了一遍，最后，她决定：重回香港！

香港大学要复校的消息对于张爱玲来说是一个绝好的机会，她马上写了一封信寄给香港大学校方，询问自己能否继续之前中断的学业，很快对方就给张爱玲回执了肯定的答复。

临行之前，为了避免给姑姑带来麻烦，张爱玲与姑姑约好，这一去便是永远的不再相见，永远的隔绝联系，纵然姑姑对爱玲有太多的不舍，但是，她看着去意已决的爱玲，知道她绝对不喜欢过着这样刻板的生活。姑姑把自己珍藏的一些珍贵的家族相片交给爱玲保管，她希望自己的侄女在外面漂泊，至少看着亲人的照片还会有一些牵挂。

离别的场景总是相似的，一个拥抱，再互道一声珍重，眼眶里的热泪就像是一句美丽的旁白，滋味百态。

道别了姑姑，张爱玲重新回到这个陌生又熟悉的城市——香港！从上海到广州，再从广州到深圳，然后，过了罗浮桥，就是香港。

这个城市依然还是那么的热烈，海浪拍打着沙滩，蓝天白云，树影码头，街道上来来往往的异邦人，周围的景色似乎没有太大的变化，但是，这个城市确实是有了不一样的改变，张爱玲站在街道旁边，轻轻地走向了另一个时代……

「第二节」

似一朵风花，飘走天涯

这里比什么地方都好，天气微凉，碧空如洗，水静风轻，红顶洋房，鹅黄栏杆，还有花开似火的影树……张爱玲的姑姑喜爱这座热烈的带有别致韵味的城市，她说过："如果可以选择，愿意一辈子都住在这里！"

张爱玲又来到了香港，这一次的心情好像和上次有些不同，对于她来说，一座城的魅力就在于自由，如果没有了自由，那么一切的美景都是摆设！她不怕一个人在这里，也不怕这座城改变之后的陌生，她只怕自己没有可以自由呼吸的畅快！

"晨起而作，日落而息。凿井为饮，耕田为食，帝力于我何有哉"，这样的生活方式用来形容在香港生活的张爱玲尤为贴切，在这里，她好像又回到了以前的那种"单纯"，没有任何的顾虑，没有政治，没有猜疑，看书，画画，写自己喜欢的小说或者散文，想怎样写就怎样写，这是一种庆幸，一种无忧无虑的庆幸！

张爱玲初到香港的时候，是寄居在女青年会的，自由如她，总是会找到一些生活中的小小的惊喜感受。有一个黄昏，淅淅沥沥下了一阵雨，爱玲出门的时候忘记关窗，回来的时候，一开门满房的风雨味道，这样的惊喜在张爱玲看来是可爱的，她也索性赏了一回夜雨图景："放眼望去，是碧蓝的潇潇的夜，远处略有淡灯摇曳，多数的人家还没有点灯……"

只是寥寥数笔，却看出了她内心淡淡的欢喜，她喜爱颜色绚丽的衣饰，但是她看到的风景，都是淡淡的情怀，就像是一幅水墨丹青，雅致的韵味和墨色中，却有着极深厚的功力，那是多么难得的记忆。

这时的张爱玲享受着难得的一点清闲，离开了过去，到了新的环境氛围，她要好好地熟悉一遍！但是还没等她好好地熟悉身边的事物，就有人来登门拜访！

设在香港的美国新闻处处长麦加锡早就听说了她的才气，又得知她会英文，就极力登门邀请张爱玲去为美国新闻处翻译稿件，并且给出了十分优厚的劳酬！张爱玲心动了，虽然她想要过一段闲散的生活，但是，这样的懒散终究不是长久之计，有了劳酬，想来也是生计的手段，更何况还可以与自己喜爱的文字打交道，何乐而不为？张爱玲答应了。两个人也因为这段往事成为很好的朋友。

海明威的《老人与海》、马克·范道伦编辑的《艾默生文集》、华盛顿·欧文的《睡谷的故事》和《无头骑士》等，这些都是张爱玲为美新处翻译出来的作品。

对于海明威，张爱玲有一种近乎痴狂的偏爱，其他的作品她都不感兴趣，但是为什么会翻译欧文和艾默生，用她自己的话来说:“我逼着自己译艾默生，实在是没有办法；关于欧文，实在是逃也逃不掉！”这一切都是为了生计，生活不是电影或者电视剧，可以任意地剪去不好的片段或镜头，活生生的生活，就是在教育人们这样活生生的无可奈何。因为迫于生计，是把人推向现实的绝顶推手。

翻译虽然占据了她的一部分工作时间，但也仅仅是一部分而已，创作依然是她的最爱，也是她投入精力最多的事务了。可以说，重回香港的三年时光，变成了她创作生涯中另一个重要的时期。

愉悦、流畅，这是她这一时期作品的最大特点。有的时候，转折也可以成就一种辉煌，而她的转折就是身边环境的改变，这让她看到了更多的景色，感受到了更多的情绪，还有，她认识了更多的好朋友。

宋淇和邝文美夫妇早在20世纪40年代就对张爱玲有所仰慕，他们和所有痴迷于张爱玲小说的读者一样，有时深深地陶醉在《沉香屑·第一炉香》的情节里，有时为范柳元和流苏的爱情而欷歔感慨，在《金锁记》的深宅大院里，他们也因为七巧的心机不寒而栗……那些人物的身上带着浓浓的年代气息，和着一杯清茶，一个夜晚就读出了一个世纪里的悲欢离合，恍然间，看天上的月亮也在沉思，是否古人对月时，也会有这样那样的伤悲情愁。

宋淇是一位文学批评家，邝文美是在美新处工作的一位翻译人员，当宋淇得知最敬仰的那位性格孤傲的张爱玲与自己夫人在同一处工作过的时候，简直是欣喜若狂，这样的机缘巧合让三个人成为知音。

宋淇夫妇在生活上给予张爱玲很多帮助，而张爱玲也很喜欢与这两位朋友讨论创作上的情节和人物设定。这样的友情持续了三个人一生的时间，这也算是人生的一大乐事了吧。

有了知音，创作也变得更加恳切，张爱玲的笔下出现了勃勃的生机和轻松的喜悦感，每当有了新的灵感或者想法时，她都会高兴地写下来。有时候，这个记录的过程可以持续十几个小时，通宵达旦更是家常便饭，但是，这样的工作让她津津乐道，有时她还会将这样的快乐与宋淇和邝文美分享。

她说："写完一章就很开心，恨不得立刻打电话给你们，但是那时天还没有亮，不便扰人清梦。可惜开心一会就过去了，只得逼着自己开始写新的一章……"说这话的时候，她又像个孩子，像是一个得到了心爱玩具的孩子。创作不是她的玩具，却是她人生的解药。人生有的时候太过于苦楚，需要解药来压制那种不能言说的苦。在她的作品里，人物是不分好坏的，在她的笔下也绝对不会有一丝同情流露，她把判断的标准都留给读者，她笔下的人物都有这样那样的毛病或者俗气，但也就是这样的描述，让人觉得真实，让人觉得牵肠挂肚。

她的名字在香港，再一次成为新闻，她也再度红遍香港的街头巷尾。人们都在谈论这样一位安静沉稳的女子，更多的人挖出了她早年的作品，出版商们纷纷发现了新的商机。那些经典的作品如《流言》《金锁记》等都被重新翻印复刻，书刊一经发行就被抢购一空，甚至，还有人打着她的名号发表作品。那些书目虽然都是署名为张爱玲，内容也都是爱情之类的感叹，但是，毕竟那都是伪造的，上不了台面。

朋友们与张爱玲说起这些趣事的时候，大家都笑得喘不过气来。

这不是苦恼的事情，相反，这让她觉得很有趣。她知道懂她的人，绝对可以看出哪些是拙劣的伪造，因为她有着自己的骄傲，就像是一个传唱不衰的传奇。

传奇之所以成为传奇，就是因为独一无二的气质和创造。就像是那一片美丽的星空，是怎样的灯光都制造不出的浪漫；就像是那一片灿烂的向日葵花海，是怎样逼真的假花都开不出的美满；就像是那一袭曼妙的旗袍，是怎样的裙摆都飞扬不出的风情。

有的时候，一片繁荣的景象背后，也许并不是想象中的那样生机勃勃，张爱玲深知这样的一个规律，越是花团锦簇的盛开，背后越是杂乱的盘枝错节。

香港看似繁荣的文化背后，其实是一片空荡的荒漠，整个文化市场充斥着诸多外来文学，本土的文化气息其实微弱得很。表面上看来香港的文坛有着繁荣的市场，各种各样的文学作品都可以在这里随意地再版翻印，但是这里的确没有更多的文学土壤，因为这样一座小小的城市，其实并没有那么悠久深厚的文化内涵，更何况，这座城市空间略有些狭小，更别提张爱玲所注重的创作环境了。这里也许只适合停留片刻，却不是长久的住所。

事实上，在张爱玲刚刚来到香港的那段闲暇时间里，她就开始思考自己今后的去向问题。来到港大，并不是为了完成学业，香港只是她漂泊之路的一个中转站，当初帮她办理出境的老教授是怕事情不能办妥，于是想出了这么一个中转的办法。

在港大只读了一个学期，张爱玲就有了到日本的机会，因为她的好朋友炎樱在那里，这正符合她想要从日本去美国的心意，于是她在完成期末琐事之后，就给校方留下一封辞去奖学金的信件，登船去了日本。

本来的满心欢喜，却变成了奢望。在日本的三个月生活，张爱玲后来并没有对自己的朋友讲太多，但可以肯定的是，这条“捷径”走不通了，因为三个月后，她又回到了香港。

在得到了美新处的工作之后，张爱玲的心算是安稳了一阵，这期间，两位新朋友——宋淇和邝文美夫妇也给予了她莫大的安慰和支持。在经过一段时间的休整之后，张爱玲觉得自己可以继续自己的下一步“漂泊计划”——申请美国移民了。

这样举目无亲的生活，张爱玲早已习惯了。她就是人生的独行者，独自行走在人生的旅途中，途中风景各有各的美好，但是停留之后，她还要继续前行。因为，那终究只是一处风景，而不是一个让她依靠的家。

文学中的张爱玲，也是如此孤独，离开了家，没有了国，她的漂泊注定是一种寂寞，风花开遍天涯，而她，也要乘着风，看遍世界的表情，她自己，只能是一阵风，吹落一地华美的忧伤。

既然漂泊是命中注定的，那她希望自己走得更远一点，最好走到地球的另一端，把所有的过去留在身后，什么都不带走。

美国移民申请批准下来的时候，是秋天了，古人都喜欢在秋天做离愁别绪的模样：醉别江楼橘柚香，江风引雨入舟凉，这样的离别带着酒气；青山一道同云雨，明月何曾是两乡，这样的别离伴随着秋雨；山回路转不见君，雪上空留马行处，分别后的寂寥就像雪天里的一条路，远得没有尽头。

张爱玲站在码头边，即将登船，回首送行的宋淇和邝文美两人，海风吹乱了她的发丝，也吹落了她眼睛里的不舍，挥挥手，离开这一对知己，再见面已是不知何时。和上次离港的快乐心境不同，这一次是满满的哀伤。

汽笛声声，“克利夫兰总统”号在黄昏里缓缓地离开岸边，张爱玲看着陆地上越来越小的人影，泪水已经为这一场相遇画上了美丽的惜别花纹。后来，张爱玲还给这对夫妇写了一封长达六页纸的信，诉说着自己别离后久久不能平复的心情。

又到了一处陌生的环境，又要开始一段新的生活。到了美国纽约，一切都是重新开始的，幸亏炎樱早就移民这里，这让张爱玲略感安慰，两个人住在一起，就像在上海一样。不过，她也习惯了孤独，所以陌生的环境对于她来说，已经不算是什么稀奇的事情了。

生活了一段时间，张爱玲得到了爱德华·麦克道威尔写作基金会为期两年的写作奖金，这对于她的生活来说，是得到很大的改善了。于是，她立刻给自己选择了一处新的住所，搬到了新罕布什尔州一处偏僻但风景独好的庄园。她还计划着，要写一部新的长篇小说。

新的地点就会有新的故事发生，在这里，张爱玲遇到了一位影响了她后半生的绅士，美国作家费迪南·赖雅。

肃杀的冬天过去，春天就是百花绽放的花期。一朵漂泊已久的风花，终于找到了依靠，准备生发出牢固的根茎，然后开枝散叶，长久地留在这一片土地。

「 第三节 」

一座城，一生恋

世界这样浩瀚，海洋占据了十分之七，剩下十分之三的陆地上，每一分，每一秒，都有那么多的悲欢离合。每一座城市，都有一段飞蛾扑火的爱情；每一颗落下的泪，都蕴涵了虔诚的信仰。

我不知道，漂洋过海、远离故土的滋味；我也不知道，在繁星斑斓的夜空下，静静思念遥远家乡的心绪。但是，我却能体味一个人形只影单、茕茕孑立的凄冷情怀，那是谁都唯恐避之不及，却无法逃避的时刻，仿佛上苍觉得，我们只有经历过孤单的滋味，才能洒脱成长，在岁月尘世里，悄然成熟。

我始终很难想象，像张爱玲那么喜爱烟火的女子，如何有那样决绝的勇气，孤身一人离开家乡，前往全然陌生的地方，安静地栖居，平淡地生活，在如水的流年里洗净铅华。咸湿的海风吹过脸颊时，她回忆起流水一样匆匆而过的时光，过往的爱恨，仿佛天际流走的浮云，再也惊不起她只言片语的悲恸欢喜。

或许，经历过时代的翻覆、家国的动乱，纵使她对于政治上的事情，全然不敏感，可毕竟那是她生息相关的故国。都说家国家国，没有家何来的国，没有国又何来的家，这足以惊动天地的巨变，哪里能无关风月，无关家国里蜉蝣一样渺小的人们。

我想，如果可以选择，她绝不会选择离开故土，奈何她已经没有了退路，除了一往无前地辗转走向那些未知的前方，她还能如何是好。幸好，她早就习惯了同过去告别，亦是深知，前路虽然漫漫如无尽，可是总会有惊喜深藏在路旁青葱植被里，等待着她细心挖掘。

遇上赖雅，应该就是她最深的幸运，在这个大洋彼岸的国家里，蓦然发觉的惊喜。这位年长她三十岁的老者，其实算得上是她的父辈，心性却是异常的开放活跃，性格里也有着侠骨肝胆的义气，几乎令张爱玲一见倾心。我一向坚信，缘分是冥冥当中注定的，天宫里那位慈祥的老者，在每个人降生的时刻，就已经系好了红绳，不然为何张爱玲和赖雅相隔重洋，又相隔三十年的时光，都能终成眷属。

一直很喜欢这样一句诗：开辟鸿蒙，谁为情种？都只为风月情浓。前事脉脉如流水一样远去，此时沉浸在新的爱情中的张爱玲，可曾想起过当年那段爱得痴迷、爱得心醉的旧情。

总是说旧情难忘，或许，要遗忘一段曾经全身心投入的感情，实在是很困难。人非草木，也非磐石，哪里能够说忘就忘，不留一滴伤心的泪，不借几分秋风冷雨的光阴。何况是像张爱玲这样的女子，一旦爱上了，就投入了自己的所有心灵。后世的我们，时常在提起张爱玲与胡兰成当年那段往事时，欷歔长叹张爱玲是爱错了人。可是，爱本无错，有时候，错的是时光，错的是缘分，错的是非梦的前尘。当那样一场爱情轰然降临，像是惊愕里忽然盛放的烟火，谁都有过惊叹的瞬息。

有谁能说，胡兰成一无是处，不值得拥有任何一位女子的真心；又有谁能说，在他们那段情里，他不曾付出一点真诚。如果是这样，那张爱玲亦是不过决绝地爱就爱了，冒着满城风雨，冒着人间是是非非的流言。然而她又是那样清醒的女子，一旦明白所托非人，就会勇敢地放下过往，哪怕付出再大的代价。这场轰轰烈烈的爱情，曾伤她甚深，深到以为自己这辈子不可能再爱上谁。可是像她这样注定要在青史上留下名字的传奇，上苍又怎么忍心那样残忍地对待她，不论她如何以为，终究会有一份属于她的风月，在这个遥远的异国，默然绽放，寂静欢喜。

谁在年少轻狂时，不曾爱错过一场缘分。没有爱错过的人是不够圆满的，爱过痛过，黯然过神伤过，才能体会人生的跌宕起伏。当那位睿智的老者，就这样不经意地出现在张爱玲的眼前时，她才明白，什么叫作自有注定，什么叫作缘分天成。这位老者是一位十分出名的左派戏剧家，亦是一位交友满天下的活动家。他们相遇在一场喧嚣的宴会上，彼时灯火阑珊，衣香鬓影。她蓦然回首，这一望，就将谁望进了后半生。如果说张爱玲的前半生，同胡兰成的相遇是一场劫，那么此时此刻，同赖雅的相遇，便是一场细水长流的缘。

她深知，他们之间有种难以逾越的鸿沟，他比她年长许多，与她最敬仰的胡适是同龄人。他们相识半年就结了婚，在他们结婚时，赖雅已经六十五岁，而张爱玲不过三十五岁，芳华依旧停驻。可就是这样一个人，却让她领悟了爱情的另一种面貌，没有痛苦，没有纠缠，没有是非恩怨，只有脉脉轻淌的浅淡温馨，在安稳的现实中，逐渐静好。连她自己都说过：我一向是对于年纪大一点的人感到亲切，对于和自己年纪差不多的人则有点看不起。确实，每一位女子都渴望被细心呵护，而同龄的男子们却往往粗心大意，反而是经历过风霜的男人，才懂得如何宠爱照顾女人。或许是张爱玲从小父爱的缺失，令她更加喜欢同年长的人在一起，这也无可厚非。

谁的过去都不是一张白纸，张爱玲的过去有个胡兰成，赖雅也曾有过妻子。他的前妻是一位著名的女权运动家，后来两人因为志向不同离了婚，但也确实深深地相爱过。只是，张爱玲本来就是对政治并不敏感的人，不管是左派还是右派，不管是支持民主还是共和，只要有才华有魅力，与她心有灵犀，她就会真心相待，就算携手走过一生也心甘情愿。

而赖雅，显然是十分富有魅力和文学才华的。他从 20 世纪的 20 年代起，就为各大报社供稿，喜好交友的他又行走在世界各个角落，结识了许多朋友。在他的朋友中，不乏声名鹊起之辈，有些更是驰名的文学大家，譬如左派大作家布莱希特。他不仅仅只是一位优秀的好莱坞编剧，亦是一位杰出的摄影家，在摄影史与摄影理论上都留下了他的名字，虽然他在遇上张爱玲时，已经步入了创作晚期，可这并不妨碍他成为一位魅力独具的翩翩绅士。

有一个词叫作相见恨晚，我想，张爱玲见到赖雅的瞬间一定会有这样的感慨。后来他们结为伉俪，在寂静的岁月里相守，一定是举案齐眉，相敬如宾。这是一段备受祝福的婚姻，古人的老夫少妻可以引为佳话，更何况是在民主开放的美利坚合众国。赖雅既像是慈父又像是夫君，温柔细心，令她真正感受到了婚姻的美好之处。她像是个活泼的孩子，在这方小小的围城里，寻觅着各种新奇的事物。而赖雅便在不远处静静微笑，纵容她的活跃吵闹。

婚后的生活，是张爱玲从未想象到的恬淡美好。晚年的赖雅很少动笔写作，然而他名声在外，多年来点滴积累的成果，是不会被风轻易吹散的，纵使他算不上有效率，可依旧有公司愿意预支高薪来请他写作。这是令张爱玲十分不满的事情：她夜夜勤奋，却比不上丈夫一句话，可以预支的薪酬也不过是他的三分之一。她只好宽慰自己说，毕竟他比她大上那么许多，走过的桥也比她走过的路多，就当他是应得的罢。

其实夫妻俩十分有共通话题，赖雅喜欢画画和电影，张爱玲也同样喜爱。在艺术的世界里，国籍造成的界限已经模糊了，他们只相守在这个温馨的小家中，相互指点画作，又抽空一同去看新上映的电影。她给她的好友们写信，说："我们时常谈论，等手头宽裕一点就去欧洲、东方旅游……字里行间，无一不是对这场婚姻的满足，以及对新婚丈夫的依恋之情。"

得成比目何辞死，只羡鸳鸯不羡仙。在不知道张爱玲的生命中，曾经出现过赖雅这样一位男子时，我只知道她和胡兰成那段错爱，知道她暮年时在美国的公寓中孤老而终，于是，我只觉得上苍是那样不公平，总是要苛待那些聪慧美好的女子，唐宛如是，李清照如是，如同白莲优昙一般的林徽因，亦是尝尽了情的苦辣酸甜，最后依旧匆匆告别人世。我曾经那样怨过命运，但幸好，我发觉，在她的生命中，还有一位温柔风趣的男人，悄悄走进，用他半生的睿智阅历，来细心呵护她，令她的人生得以圆满。

我想，那段婚姻中，唯一令人哭笑不得的，大约只是张爱玲那些俗得有点可笑的爱好了。尽管她作品水平极高，思想又是十分先进的，可她依旧最喜欢看那些通俗小说，这个习惯纵使是她到了美国之后也不曾更改。所谓江山易改，本性难移，这在张爱玲身上当真是固执到了极致，时常捧着《海上花》《醒世姻缘》这样的小说，读得津津有味。赖雅看不懂中文，自然不能拿这个来讲她，可是不久后他就发现自己的太太也从来不看西方比较严肃有内涵的作品，他曾将乔伊斯的作品推荐给她，只是张爱玲从不将这个放在心上，倒是将詹姆斯·琼斯的小说看了不少。于是赖雅总是无可奈何，笑叹："你读的那些可都是'垃圾'啊。"

想来，这真是一件奇妙到令人惊叹的事情。像张爱玲这样几乎是"俗"得可笑的女子，不论是看书还是日常，都喜欢那些热闹喧嚣的东西，连电影都只爱看那时好莱坞的爱情喜剧，吵吵闹闹最终皆大欢喜的玩意儿，可笔下的文字却又是那样妙不可言、超凡脱俗。她是世间难得一见的奇女子，能将那些烟火里的寻常事物，提炼出它们最有深意的地方，融会在她如珠如玉的文字里，往往便是珠玑之文。她是俗气的，却也是傲气的。

如此，她的好友宋淇便邀请她给自己的电影公司写剧本，早年间她的《倾城之恋》曾改编成舞台剧，也写过像《忘不了》这样的剧本，在当时都是大获好评的。对于好友的请求，张爱玲自然是欣然允之，她从来都不会将好友拒之门外，这次，也自然如是。于是，她提笔给宋淇写了《桃花运》《六月新娘》等剧本。她本来就擅长写这种爱情喜剧，在美国生活多年，又将好莱坞那种特色融合其中，剧本写成，拍成电影，果然无往不利，大受欢迎。

每个人都无法控制别人的思想，对于这点，谁都无能为力。有些人对于张爱玲的印象，不过是一个写书的且写得还不错的女人；有些人记住她，则是因为曾在银幕上看过《十八春》或是《倾城之恋》；或许，她在一些人的脑海中，如同她留下的那张传播得最广泛的照片一样，优雅，高傲，不可一世的姿态，不容许谁来侵犯的高高在上。甚至，他们唯一津津乐道的是她与胡兰成的那段情缘，他们在史实的背后，悄悄翻阅着那些过往，然后窃窃私语说，那个“汉奸”一定长得不错，不然如何令当时红透上海滩的大作家都情之所钟。

可是，张爱玲就是张爱玲，纵使她如今尚在人世，她也不会被这些猜疑惊扰，让这些流言飞语惊动自己的心境。她是一块坚贞温润的青翠碧玉，在时光的流尘里静静安好，越发晶莹通透。我只庆幸，她并不是孤单的，有人曾抚慰她受伤的心境，抹去她孤寂的伤痕，将这个陌生的异国变成她自己的故乡，并且给予了她一个最温暖的家。如此，便已足够。

「第四节」

尘埃里开出了花

习惯，有时很像是一种病，不严重，却长时间地积累在我们的身体里。对某一样事物的偏爱，或者是对某一处风景的向往，就像是有的人说不出哪里好，但就是谁都替代不了的那种偏执和欢喜。所以说，有的时候，习惯就是一个人因为爱情而赐予的恩宠！

有的爱情是山盟海誓风花雪月的结晶，有的爱情是发乎情止乎礼的庄重，有的爱情源于一瞥惊鸿，一见倾心的动情。无论是怎样的开始，爱情毕竟发生了，剩下的，便是一段天长地久的相伴。

范柳原在细雨迷蒙的码头上迎接流苏，他说她的绿色玻璃雨衣像一只瓶——一只药瓶，因为她是医他的药。是了，天下唯一没有解药的毒，便是爱情，但是爱过的人都知道，能解毒的那一味药早就被放进了心里，牵绊着生生世世的脉络，经过尘世的喧嚣洗礼，也许偶尔会忘记，但是，动一动，还是痛——是欢喜的疼痛。

关于红玫瑰和白玫瑰，谁都遇见过，谁都欢喜过，年少的不谙世事，总以为红玫瑰最为炙热，最能表达爱人的心，最能告知天下人，自己对爱人的热烈和怒放，那一抹鲜红好像能把冬天的冰雪消融，结果，爱的炙热却不一定会恒温，最后，一腔热血也就变成了蚊帐上的蚊子血。这不是刻薄，由来只听得新人笑，有谁会听到旧人哭。

张爱玲早就懂得这样的道理，但是她不甘心，不甘心自己的炙热就这样变成旧物，她这样一个倔犟的女子，把自己的爱情当成了全部的赌注，全都放在胡兰成的身上，结果，她自己一语成谶。

后来，遇到了赖雅，她的爱情变成了白玫瑰。

也许，真的是这样吧，无论是多么炙热的爱情，最后都变成一个字——情。床前明月光也好，衣服上的饭粒子也罢，无论怎样，人到中年时，理性变成了主宰，知道自己要什么，知道自己如何去得到什么，这绝对是青年时没有的状态。她全心全意地爱着赖雅，因为心有灵犀。

一个西方的绅士，一个东方的女子，这两个人隔着千山万水都能走到一起，不能不说这是一种奇妙的缘分。爱画画，看电影，到处旅行，尽管两个人有着极大的年龄落差，但是这个家总是其乐融融，因为他们知道彼此的在乎，知道彼此的情意，知道彼此的一个眼神就代表了千言万语。

很多人在年轻的时候不知道爱情究竟是怎么一回事，从一开始想要一个拥抱开始，渐渐地就想要全身挤入对方的世界，也许最开始，彼此都认为占有对方全部的时间和空间是正确的，但是随着彼此了解的加深，最初的甜蜜和依赖变成了负担，于是两个人开始争吵直到彼此都受了伤害，然后转身离开。

其实，爱情很简单，只不过开始于一个拥抱或者亲吻，只不过是一句诚心实意的“我爱你”，只不过是一个良人给了你最安稳的依靠，只不过是在对的时间遇见了对的你。

我们会遇见很多人，也会看见很多属于自己或者属于别人的爱情，我们总是问自己也问别人，为什么会喜欢上一个人，为什么会非此人莫属。答案会有很多种，但最终只有一个意义：因为那个人给了我们家的感觉。

张爱玲和赖雅在一起，因为有了家的感觉，有了依归，有了依赖。

她是个注定的漂泊者，这也注定了她骨子里的那种寂寞和无助，只是她假装自己不去在意这样的无依无靠，她假装自己享受着浪迹天涯的潇洒。但是，她的心事还是变成了一种情绪，在灯火阑珊的夜晚，她将这样的情绪都给自己作品里的人物上了色。

她太需要安全感，比任何一个没有安全感的女人都需要，一份现世的安稳要比一份工作酬劳贵重得多。他乡异国，存在感是一个很微妙的东西，迷失也是很危险的一个情绪，她控制住自己的情绪，将全部的依靠都交给了赖雅！

有了赖雅的陪伴，生活的阳光似乎变得更加明媚了，张爱玲的创作也渐渐走出低谷，迈向了成熟。她开始了台港之行，但是这趟旅行还没有结束的时候，张爱玲就接到了一个来自于麦加锡的消息：赖雅先生中风了！

忧心焦虑的张爱玲急忙结束自己在高雄的旅程，返回台北之后，立刻与美国的亲人通了电话，在得知赖雅的病情有所好转之后，才稍稍放宽心，由于交通不便，她只能经由香港返回美国。在这期间，即使是这样匆忙的行程，她还写了《情场如战场》《魂归离恨天》《小女儿》等几部剧本，这就是张爱玲，生活里一些意外更能激发她内心潜在的力量，时间对于她来说，只是一个范围，她所在乎的是自己的内心，她所在乎的是丰富自己的世界。

冬天的时候，张爱玲回到了她和赖雅的家，带着用剧本换来的丰厚劳酬，回到自己丈夫的病榻前。

年迈的赖雅完全瘫痪了，终日与床为伴，他的妻子张爱玲在细心地照料他。这个骄傲的女人，卸下了她所有的光环和忙碌，用她的温柔陪伴着自己最爱的男人。清晨用过早饭，张爱玲就会为赖雅读当天的报纸，赖雅虽然身体完全瘫痪了，但是他的神志还是很清醒的。

由于夫妇两人的思想不同，所以关于报纸上的一些问题，他们常常会有一些争论，但是这些争论绝对不会持续太久，因为最后总是他妥协，这就是爱的让步。

照顾病人是一件很费时间的活儿，但是病榻之上的那个人是她的牵绊，是她的“精神药品”，她看着日渐消瘦的赖雅，心里的酸楚一阵一阵，但是她不能表露，因为病床上的人在心理上比她脆弱。她不是心理学家，但是她懂得对待病人的慈悲。

到了晚秋的赖雅，依然给张爱玲归属感，给她一个完整的家，即使他躺在病床上，但是他依然可以每天给她一个问候，给她一个充满爱意的眼神。

张爱玲从来没有这样害怕过，她害怕自己的爱人忽然有一天就静静地去了，她害怕自己一个人的孤苦伶仃。有的时候，人本来已经习惯了一种漂泊的孤独，但是有了依靠之后，反而更害怕失去这样的依赖。

偶然的午夜梦回，张爱玲看着身边的这个老绅士，怅然若失的感觉就在心里升腾，她是一个东方女子，她的思想、她的情趣、她的经历都是东方式的，这与西方人都是背道而驰的，这也说明了为什么到了美国之后，她的笔下再也开不出生动的文字了！她不能撇下她最爱的文学，这就意味着她需要回到自己的东方文化氛围，但是为什么她会爱上一个典型的西方人呢？

爱情没有早晚，也许就是那恰巧的一步，两个人的相遇就变成了一辈子的约定，世界这么大，可以生活一辈子的人却寥寥无几。更何况，是一个爱你、懂你、包容你的人。

很多人都还记得一句话，和你结婚的那个人，不是最爱你的，也不是你最爱的，只不过是适合结婚的一个人，但却和你相亲相爱地过了一辈子。

一辈子的时间有多长呢？也许就是爱人拥着你把风景都看透却还是不松手的长久吧。

这一天，赖雅就在张爱玲的读书声中慢慢地睡去了。张爱玲摩挲着丈夫的手臂，忍受着那一刻异常镇定的安宁，斜日的余晖透过玻璃窗，照在这两个人身上。张爱玲看着丈夫宛如睡着的脸庞，轻轻地亲了亲丈夫的额头，眼泪滑落在冰冷的死神身后。

在这个安静的秋日黄昏里，她的爱人，她的伴侣——赖雅静静地逝去了，而她，又变成了孤苦伶仃的一个人，从此，她只有一个 Reyher 的姓氏陪伴着她走过剩下的春秋冬夏。

她以为自己已经不会再像年轻时那样，将爱看得很重，她以为她把人生看得透彻，她以为自己可以平静地接受重新回来的孤独。

但是，她还是病倒了。她不停地翻看着两个人出去旅行的照片，看着赖雅和自己一同写过的一些手稿，她把赖雅的衣物都拿出来堆满屋子里的各个角落，她坐在屋子中间，不知道该做些什么。

没有人喜欢孤独，只是有的时候是害怕失望。张爱玲在空荡荡的房间里放声大哭，她又变成了举目无亲的漂泊者，这一次，她和爱人到了天涯，但是，却没有人和她一起看天涯。

世界很疼爱她的那个人去了，于是，她的心也沉到了尘土之下。她已有了归心，却在顷刻之间，无家可归了。她想说一些什么，但是嘴唇好像被封住了，一句话都说不出来。唯有流泪，是默默无声的哀悼。

梧桐更兼细雨，到黄昏、点点滴滴。这次第，怎一个愁字了得。失去爱人的苦楚不是一个愁字就能结尾的，这个迷失的季节，带着一个女人的心，呼啸着进入了冬季……

第八卷

离群索居／喧嚣归于安寂，繁华落入尘埃

「 第一节 」

岁月如流，人生如寄

“三十年前的月亮早已沉了下去，三十年前的人也死了，然而三十年前的故事还没完——完不了。”这是张爱玲在《金锁记》中所写的一句话。可是此时，对于她来说，三十年前的人与事，仿佛一缕轻烟般地逝去，故事已经结束。

现在，她孤独地行走在异国的天空下，却并不曾觉得“他乡的月亮比较圆”。看着那曾经进入自己生命中的两个男人，一个是自己无法割舍却不得不割舍，一个是宿命般地匆匆来了又悄悄逝去。之于感情，张爱玲不得不承认，自己可以驾驭的只是文字上的游戏，而在现实面前，她是如此的苍白无力。

赖雅——这个在张爱玲的生命里特别的时间出现的特别的人，是她在异乡遇到的几乎唯一可以相伴生命的人——的离开，使得

1968 年之后的张爱玲不免有些颓然、落寞，或许，在某种程度上是一种近乎绝望的安静。

这个曾经恃才睥睨世间的才女，也不得不在命运面前投降，她觉得好累，有失落，有慌张，自然，还有一份恐惧。说不上的感觉，只是觉得这个世界之于她似乎忽然间变得更陌生起来。张爱玲开始渐渐地变得更加离群索居起来，而与其说这是她的一种下意识的自我封闭，不如说是一种无意识的自我保护——用另一种形式与滚滚红尘保持着一定距离。

对于最后一个可以相伴终生的希望的破灭，对张爱玲的打击是不小的，年少轻狂时感情上的纠缠与得意，如今变得这样不堪回首。人是如此的渺小，命运无法由自己掌握。乱世中，家世背景亦是浮云；治世里，又不得不背井离乡，远走异国。对于那曾经互相仰慕与追随的感情的幻灭，只能眼睁睁看它随时光流逝。

从这时起的张爱玲，直到 1995 年告别人世时，中间的这二十六年时间里她几乎完全将自己与外界隔绝开来，小心翼翼，低调无比。或许是真的疲倦了，像一个曾经姹紫嫣红一时的明星，终归落幕，曲终人散，而换来的只是一场浮名与疲惫。

岁月如流，人生如寄，究竟这一场绚烂的绽放是否要好过平淡的一生。

当年青春年少的张爱玲就读于上海圣玛利亚学校时，曾在年刊《凤藻》上发表过短篇小说《不幸的她》，叹道："人生聚散，本是常事，无论怎样，我们总有藏着泪珠撒手的一日。"

要知道，写出这句话的时候，她还不过是一个十二岁的孩子。

很难让人相信，大概有些人，天生便对命运有着超乎凡人的理解。

正如有人说的那样：然而，如果我们回过头去，把这个旷世奇女的传奇一生仔仔细细地端详个通透彻底的话，其实不难发现，无论是喧嚣时，还是寂寞时，她都是一个彻头彻尾的悲观主义者，这与她的家庭背景有关，与她的成长经历有关，更与她的人生理解有关，因此，她才会喊出及时行乐的那句口号："出名要趁早呀，迟了就来不及了。"

可是，如果少年便知道暮年的落寞，人，是否愿意以绚烂一时的绽放来付后半生平淡的落差。

当年与胡兰成的爱情轰轰烈烈，可是无奈痴情才女遇上多情儿郎，那脆弱的爱情虽然精致华美，可终究不堪一击。他们在生命中曾经互相走近，互许终身，互相背道而驰。对于胡兰成来说，张爱玲也成为他生命里很特别的女人，无论是她的才华、脾性还是能被用来炫耀的家世背景，都让胡兰成难以割弃。

然而，爱情毕竟不仅仅是这些。时间将一切淘洗，渐渐露出的，是最真实的感情，也是最残酷的现实。所以后来才会有她给他写信的故事，她说："我觉得要渐渐地不认识你了。"

远走他乡，她以为随着时光的流逝、空间的转换，生活将会有一个新的开始。现实并不如想象般那样容易操纵。即便对于自己和他人寄予再大的憧憬与希望，当生活的波涛稍一涌动，发现自己原来还是慌张得站立不住。

当年，在时代的汹涌波涛中，她只身一人别故国，别故土，别故人，从此家国两不全。到一个万家灯火闪烁的异乡，举目四望，却无一处是家。此情此景，外面愈是热闹的繁华灯火，内心愈是酸楚得难言凄凉。

在这里，举目无故人，没有谁认识自己，没有谁理解自己，没有谁对一个陌生人会如何关心。她透过香港的万家灯火，眺望大洋彼岸，自叹在这茫茫的世界里，除了远在天边的赖雅，自己完全是孤独的。

当年，在那喧嚣的都市——洛杉矶，同样的繁盛比过上海，却不是她那熟悉的家园，更遑论精神的故土。她红极文坛的时代已经过去了，同样溜走的，还有年少轻狂。

回想当年，这样一个举目无靠的女子，在异乡，遇到了大她近三十岁的赖雅，那个最后与她相伴的男人。1956 年的 2 月 13 日，那也是张爱玲生命中又一个值得纪念的日子，因为也就是在这一天，张爱玲申请到了去麦克道威尔文艺营写作，在这里，与赖雅相遇，相知，相伴余年——赖雅的余年。

据说当年在文艺营里，每天上午各式各样的艺术家聚集在一起共进早餐，之后便各自回到工作室专心创作。为了不影响创作的连续性，艺术家们的午餐是从放在工作室门口的篮子里自由提取的。过了下午四点，是文艺营自由活动的时间，然后共进晚餐。

正是在集体活动的时间里，张爱玲认识了那个叫赖雅的老头。这时赖雅六十五岁，张爱玲三十六岁。

他们的情感进程是如此的迅速：

3 月初，两个人第一次见面，他们坐在一起谈文学，谈文化，谈人生，谈阅历。

3 月底，两个人互访对方工作室。

4 月 1 日，两个人共享复活节正餐。

5月初，张爱玲与赖雅彼此觉得兴趣颇为相投。

5月14日，赖雅在文艺营的期限到了，不得不离开。张爱玲在送他的时候，还把仅有的一点钱给了他，并向他倾吐了自己的感情。

6月30日，爱玲申请的期限满，搬进了纽约一位营友家。

7月5日，赖雅收到张爱玲的一封信，说她已怀上了他的孩子。赖雅回信向爱玲求婚。

8月14日，爱玲和赖雅举行了婚礼，开始了一生中的最后一段感情生活。

如果说在最好的年华里遇到最好的人是幸福的，那么，在平淡的岁月里遇到一个可以相濡以沫的伴侣，亦不可不说也是一种慰藉。

虽然这一次的爱情与当年的“倾城之恋”相比，显得过于单调而平静，仿佛一顿平常的粗茶淡饭，了无激动可言，全然没有第一次婚姻那样的浪漫和激情。

她和赖雅的爱不同于她和胡兰成的风花雪月轰轰烈烈，他们之间，是实实在在的爱，是生活中的柴米油盐酱醋茶，是你耕田来我织布一样的平民化，更是彼此对彼此需要的一种肯定，是凄凉世界里的一点安定喜乐。如果说张爱玲与胡兰成的爱情像一部浪漫而凄美的小说，那么她与赖雅的爱情则更接近平淡无奇的散文。

如果说与前半生的胡兰成从此相忘于江湖，那么从遇见赖雅的那一刻起，张爱玲与之开始了相濡以沫的生活。

有许多人曾经发问，为何张爱玲与赖雅的爱情来得如此迅速而突然，几乎让所有人都为之惊奇。

对于赖雅，张爱玲曾经如此评价：“他是粗线条的人，爱交朋友，不像我，但是我们很接近，一句话还没有说完，已经觉得多余。”相顾无言，却可以从这沉默中走进对方的内心，或许，这才是真正的爱，不需千言万语，只是一个眼神，一声呼吸，所传递的感情，便了然于对方的心中。所以古人说“此时无声胜有声”是不错的。

当年，就是张爱玲在洛杉矶最无助孤独的日子，得以遇见这样欣赏他的一个男人，愿意肯定她，欣赏她，对于张爱玲来说不能不算是一场“美丽的意外”。还有什么可要求的呢，这一切便使她足够爱上赖雅。

爱情是如此的微妙，仿佛像一个在车牌前苦苦等待公交车的乘客，先等来的，未必是自己想坐的，而长期地等待几近绝望后，那一辆车却忽而驶到了眼前。爱情是缘分，亦是时间。张爱玲曾说，“我有时候觉得，我是一座岛。”“一座岛”是怎样的孤独呢？没有人知道。对孤独又骄傲的张爱玲来说，是一种欣赏和肯定，是男人情话中最动听的一句。于是她选择与赖雅结婚，是多么的理所当然。

也曾经有人将赖雅与张爱玲的种种方面进行对照，将他们差异巨大的年龄、种族、个性、价值观、出身背景和政治观点进行了罗列比较与总结：

一个三十六岁，一个六十五岁。

一个中国女人，一个美国男人。

一个孤寂封闭，一个交友甚广。

一个用钱精明，一个出手大方。

一个喜欢大都市的繁闹，一个喜欢小乡镇的恬静。

一个出身于破落的名门大户，一个出身于德国中产移民。

一个是非马克思主义者，一个是马克思主义者。

再拿文学风格来说，张爱玲的作品以一种她独具的犀利眼界，又以她特有的空灵剔透的语句，把人性的最深处细细地翻出来描写，即便血色浓浓，也显出某种淡淡的凄美。读她的东西，不像读别人的一些作品，只从眼睛穿过，而是从灵魂穿过。而赖雅的作品则洋溢着为大众而追求理想社会的浪漫色彩。于是，好事的人们便从不同的角度来分析。

“功利主义者”认为，她把赖雅误认作一个能帮助她打入主流英文文学世界的导师，而并不了解他在文坛上的地位并不高，而且自身的发展都很有限，甚至在走下坡路，不断为自己的生存而挣扎，很难在事业上有什么实质的提携。

“心理主义者”认为，她幼年过早丧父，从心灵深处渴望一种父亲般的亲情之爱，这也是当年嫁给大她十多岁的胡兰成的原因之一，而她似乎从来没有对与她年龄相配的男人或年轻男人发生过兴趣，但她没有想到赖雅伤残中风，情况恶化，以后反而需要她的关怀和爱护。

“文化主义者”认为，她从发生在故土上的那场婚姻中受到伤害，对造成这种伤害的整个社会文化背景，以及在这种背景下产生的性关系、性观念产生了叛逆，甚至在一定意义上说，她由不忠的丈夫，对中国男人已失望，唯有洋人才能从另一个层面满足她的精神需要，而她没有想到这种异族通婚是会有代价的。

“经济主义者”认为，她孤身一人漂泊异国他乡，举目无亲，寂寞苦闷，自然需要男人的依靠，而赖雅则是第一个从精神等各方面关怀她的男性，理所当然就成了她首先择偶的对象。当时，她在文艺营，虽有免费食宿，却无点滴薪水，况且只能停留三个月，今后的去向一片茫然，而她却没有清醒地想到，赖雅的经济十分窘困，有上顿没下顿，反而后来需要她的倒贴。

“政治主义者”认为，她来到一个她所向往的民主自由的社会，但她本人却对政治一无所知也不感兴趣，故把这个社会制度下第一个能得到感应的美国男人当作理想化男人的化身，赖雅恰好担任了这个使命。在20世纪50年代，一般的美国男人的种族主义观念相当深，也只有像赖雅这样具有真诚社会主义信念、主张社会平等的理想主义者才会对一个东方女人有更多的欣赏和尊敬。从另一方面讲，在资本主义的美国，具有这种理想主义的人是不会很得志的。

或许，爱情本就与这些人生的附加物无关，只要遇对了那一个人，什么年龄、种族、个性、价值观、出身背景和政治观点，或是所谓的主义，统统会在那脉脉双目中褪色。

「 第二节 」
因为懂得，所以慈悲

或许，张爱玲在来到异国之前从未想到过，有一天她会经历如此陌生的生活，比如，照看年长自己近三十岁的老先生，还有，只身一人低调地走过最后的二十六年时光。

赖雅还在世的时候，不期患上了背痛疾病，张爱玲不得不常常给他按摩，放松他的背部肌肉。1960 年赖雅又患上了腿和脚病，相继而来的是中风，为了能有钱给赖雅治病，张爱玲不惜损坏自己的身体，夜以继日地工作。直到 1967 年 10 月 8 日，送赖雅走完了人生最后的路。

张爱玲应该已经为这一天的到来做足了心理上的准备。毕竟，与她共同生活的，是一位已过不惑之年的老人。

“因为懂得，所以慈悲”，这句已经被后人重复得几乎遍大街的话，于张爱玲自己却是并不容易做得到。对于胡兰成，她做到了，可是伤得如此之深。人在伤口面前，总会有一种惊弓之鸟似的自我保护意识，经历了一次爱的伤害，便不敢轻易再去涉足第二次——至少，不会再如从前一样掏心掏肺地直接付出一片真心。

所以说，人是如此的可怜，很多时候，虽然“懂得”，却再难生从前的那种“慈悲”。这样说，让人听起来似乎是言语中多少有些无奈，然而，事实总是这样的酸楚，并不比艺术来得动人。

风华正茂的属于张爱玲的那个时代过去了，那个地方已经没有了。

生活，无论是对于天才，或者一个普通人，都一样的公平，虽然没有哪两个人是完全同样的生活轨迹，可是最终走向的是同一个方向。在死亡面前，人人平等，无论是贫穷还是富贵，显赫或是平庸：人生苦短，时光如白驹过隙，不会为任何人停留。每一个人从出生那刻起，其实就已经进入了死亡的倒计时，只不过是或长或短而已，任何人都逃不过。

自然，对于张爱玲，同样如此。可是，在死亡这一话题上，似乎张爱玲并没有那样从容。或许由于这一生经历过太多的伤害，或许由于她那本就敏感多思的天性，又或许毕竟是一个女子，当一切变得陌生时，她多多少少显得有些许的慌乱，有些许的紧张。她不可能再如从前年少时那样潇洒地将琐碎的世事弃置不顾，正如有人说的那样，纵使心灵花园里不再花团锦簇，她也努力看护着，因为这是她唯一可以拥有的天地了。

当喧嚣归于安寂，繁华落入尘埃，在这个不被外人打扰的净土，她一边安静地等待着生命玫瑰的凋谢，一边按照她的方式和节奏完成着她人生最后阶段未尽的那些梦想。

“现世安稳，岁月静好”，是多么奢侈的人生。

然而，外面的世界终究是喧嚣和浮躁的，人在它的面前无法抗衡，无法驾驭。好在我们能做的，便是稳住自己的内心，内心的强大才是真正的强大。

生活不可能完美，对于它的瑕疵，自然不会看不见，可是如果目光一旦停留在上面无法自拔，那么剩下的日子就只有痛苦可言，所以，总要将自己麻醉，总要学会适应，再高一层的——在困境中学会欣赏。

赖雅之于张爱玲，自然不可能是她理想的情侣。即使后人再如何去穿凿附会，再如何去刻意美化，都不能掩盖诸如他们年纪与性情上的种种遗憾。可是张爱玲却欣然接受这一段情感旅程，甚至在岁月的磨合里学会了主动。

是的，成长就是这样一天天地在希望与失望之间磨合，成熟不是凭空出现的，它是人在岁月里一个时辰一个时辰熬炼出来的。张爱玲人生中的第二次春天，与第一次和胡兰成结合的曼妙时光相比，虽然没有烟花般的璀璨，却是踏实而平和的，一步一步在红尘中挨。她与他之间不能说完全没有感情，只是激情退居次位。或许，这并不是什么坏事。

在赖雅的日记中，有许多和张爱玲在一起的日子。那些笔墨间流淌着的太多两个人的点点滴滴，让后人读来，既感慨又心酸，让人想到的不是风花雪月，而是“贫贱夫妻百事哀”的惋惜与佩服。那些记录着他和爱玲生活细节的日记，至今留存在美国马里兰州图书馆里，数量巨大，如同他们的生活一样凝重。

这样的婚姻，虽然平实，却是沉重的。

大多数的婚姻，最后都走向孩子的出世而归于平凡。但是孩子的问题在张爱玲的人生中显然并不占有什么空间，不知为什么，这总会让我想到波伏娃与萨特——那对法国哲学史上的伉俪。他们曾就一些敏感问题回答过记者的提问。

谈到不生孩子的选择，波伏娃说：对我而言，那是理所当然的，并不是我对养育小孩这件事本身感到厌恶，当我还很年轻，并憧憬着与表兄杰克缔结一个布尔乔亚式的家庭时，我也许想要有小孩，但我与萨特的关系主要是建立在知性而非婚姻或家庭的基础上，因此我从无生小孩的欲望。我并没有特别的欲望去复制一个萨特。

想必张爱玲在不愿以自由换取天伦之乐的原因外，没有特别的欲望去复制一个胡兰成或是赖雅，这也是她没有生养孩子的原因之一。可是如果因此而说张爱玲作为女人在很大程度上是缺失的，似乎也并不完全正确。

年老的赖雅数次中风时，都得爱玲的悉心照料才康复，很难想象这个在上海连自己都不会照顾的女子，是怎样学着慢慢去照顾别人。女子亦是会长成女人的，她当自己是他的妻了。这正像波伏娃曾经给女人下的定义那样，她说，没有一个女人生来是女人，而是在后天里形成的。或许，这便是对张爱玲一个最好的注释了吧。

“如果说女人是世俗的、平庸的、基本上是功利主义的，那是因为她被迫把自己的生存奉献给做饭和洗尿布——她无法取得一种崇高感。承担单调重复的生活，处在无知觉的实在性之中，这是她的义务。自然女人要重复，要永无创新地重新开始，要觉得时间仿佛是漫无目的地转来转去。她忙忙碌碌却永远没有做成什么，所以她认同于她既有的物。这种对物的依附性是男人让她保持的那种依附性的结果，它也解释了她的吝啬和贪婪。”

波伏娃说，女人的双翼已被剪掉，人们却在叹息她不会飞翔。让未来向她开放吧，那样她将不会再被迫徘徊于现在。

可是张爱玲，似乎过的正是将这两个阶段颠倒的人生状态。

在困难的日子里，她更为本真的一面完全得到了呈现，要知道，如果没有爱玲，那个热情的老头可能会老无所依，终命于一间简陋的公寓，他的心思无人读懂，他的起居无人照料。而这一切，胡兰成却无法感受了。

张爱玲的一生似乎也在扮演着她笔下的不同角色，正如她在《红玫瑰与白玫瑰》中所写的那样：“也许每一个男子全都有过这样的两个女人，至少两个。娶了红玫瑰，久而久之，红的变成墙上的一抹蚊子血，白的还是‘床前明月光’；娶了白玫瑰，白的便是衣服上的一粒饭黏子，红的却是心口上的一颗朱砂痣。”

无论是白玫瑰还是红玫瑰，似乎张爱玲都多多少少扮演过她们的角色。只是，与振保不同，她一生中的两个男人都是她用自己的心血来认真对待的，问心无愧。

只是张爱玲送走了赖雅之后，便走出了自己所曾经勾画的那些角色。注定，她即将扮演的是一个任何文学作品中都未曾出现过的新的角色。她需要赚取稿费养活自己——这也是她几乎算是唯一可以做得来的工作了。

夏志清在《中国现代小说史》中对爱玲给予了高度的评价：“但是对于一个研究中国现代文学的人来说，张爱玲该是今日中国最优秀最重要的作家。仅以短篇小说而论，她的成就堪与英美现代女文豪如曼殊菲尔、安泡特、韦尔蒂、麦克勒斯之流相比，有些地方，她恐怕还要高明一筹。”就在张爱玲人生又一次失意的阶段，她也得到了一次文坛上的第二次生命。

1968 年，中国台湾的皇冠杂志社将爱玲早年久负盛名的小说与散文作品结集出版，重新在中国台湾和中国香港掀起了一轮狂烈的“张爱玲热”，曾经流传于上海滩、轰动一时的《传奇》《怨女》《半生缘》等作品终于再一次地打动了千千万万的读者，因此，书的销量非常好，爱玲的影响也从狭小的文学圈，波及到了普通市民和学生当中。与此同时，爱玲的生活也因为相对丰厚的版权稿酬变得稳定下来，至少可以保证她的晚年不再劳碌奔波。

其实，进入 20 世纪 60 年代之后，爱玲已经少有新作问世，这段时期，爱玲的创作势头似乎又有了一些回升。1967 年，她的英文小说《北地胭脂》由英国的凯塞尔出版社出版，然而销路并不好，一些评论也不是很友好。因为这些，她也一度对自己曾经雄心勃勃的英文写作失去了信心，后来，她将这本书译成中文，名为《怨女》。与《怨女》一书的遭遇相比，从《十八春》删改成《半生缘》是相对成功而轻松的。

其中一个最为主要的改动便是让世钧与曼桢、叔惠与翠芝重逢，留给读者一个对世事人生产生无限感怀的背影。曼桢道：“世钧。”她的声音也在颤抖。世钧没做声，等着她说下去，自己根本哽住了没法开口。曼桢半晌方道：“世钧，我们回不去了。”他知道这是真话，听见了也还是一样震动。她的头已经在他肩膀上。他抱着她。

也许人生就是由一段段的错误与因缘连缀而成的。或许就是在若干年前的夜晚，你曾对那个人说过遇见你是我生命中最大的幸运，而就在多年之后，你或许又会痛苦地发问：为什么遇见的偏偏是你。

这是没有答案的，没有所谓的对与错。只能说，在时光之旅的长河中，错过了一站，就永远都回不来了。在长长的一生中，走得最急最美的都是时光。其实，曼桢这一声意味深长的“回不去了”，又何尝不是爱玲的心声呢？

张爱玲还是张爱玲，却也不是原来的那个人，也许历经了人生的沧桑之后，她的文字已经不再满是看透世事似的尖酸与挑剔，反而多了几分悲凉，仿佛静静流淌的生命之河，更多了一份平和与从容，或者说，是一份人到中年之后的隐忍与退让。只是这生命的状态来得太不容易，以惊涛骇浪似的大爱大恨经历过的每一朵浪花都翻腾着欢笑和泪水。

正如有人说的，这是步入晚年的爱玲对于生命的感恩与提炼，也是她将自己的生命凝练于字里行间的一种记忆和缅怀，处处可见的是一种自乱世悲欢之中升腾而起的生命之美。“天才，还是天才，只是不再那么锋芒毕露，日渐平淡，且从容不迫。”

人生成就了她的作品，反过来，作品也影响着她的人生。与胡兰成和赖雅的感情碰撞，这样的俗世姻缘带给她的是什么呢？如果说是传奇的话，也是因为爱玲的传奇。像她那样的才情，永远是一个传奇，而无论胡兰成，还是赖雅，都无法改变。再世俗的婚姻也都会成为传奇。

1969 年，应加州柏克莱大学中国研究中心陈世骧教授的邀请，爱玲接受了在该中心担任高级研究员的职位，专门研究中国共产党的专用词汇。据说，在那一段时间里，往往在陈教授的家宴上，张爱玲都是穿着一件深灰色的旗袍，依旧是身材清瘦，只静静坐在沙发上听陈教授说话，偶尔自己发言，也是极小声，除了搭理一下陈夫人的招呼，那些陪同的研究中心的华裔学生她一概不理，仍是她一贯拒人于千里之外的作风。在研究中心的工作是纯粹学术性的，时间相对松散，所以，她总是挨到大家下班后才来到空无一人的办公室，这使得很多同事直到爱玲离开时都没有见上她一面。

对于这一段生活，张爱玲似乎感到并不是很适应，所以她在给朋友的信中，也不时地提到感冒、积食不消化、眼镜找不到、皮肤病、搬家、书籍丢失、胃受了寒气等琐细的烦恼。

大概性情中的敏感这一成分，终究不是那样容易消解掉的吧。

「 第三节 」

对照与回忆

古人说，大隐隐于市，不喜喧嚣的张爱玲在赖雅去世之后更是习惯了独来独往，不喜群体的生活。在美国，她的朋友算不上多，而曾登门拜访的人与在国内相比，也少得有限，所以对于那一段关于她的生活，并不为人们了解多少。

好在也正是那个时候，有张爱玲对水晶先生的一次长时间访谈，使得水晶先生对她有了一次算是近距离的接触，得以为后人保留到一份难得的史料。水晶先生后来把这段弥足珍贵的经历写成详细的文章，刊载于中国台湾的《中国时报》。水晶是一位爱玲作品的热衷者与爱好者，并且写下了一系列关于张氏作品的评论。他于 1973 年出版的《张爱玲的小说艺术》，被誉为是这一体裁中最好的一本。

这一段相关的资料，曾在关于张爱玲的一本书上读到过这样的描述："通过水晶细致的笔触，我们看到当时爱玲的房间是这样的：她的起居室犹如雪洞一般，墙上没有一丝装饰和照片，迎面一排满地玻璃长窗。她起身拉开白纱幔，参天的法国梧桐，在路灯下，使随着扶摇的新绿，耀眼而来。远处，眺望得到旧金山的整幅夜景。隔着苍茫的金山湾海山，急遽变动的灯火，像《金锁记》里的句子：'营营飞着一窠红的星，又是一窠绿的星。'爱玲当时的形象是这样的：她当然很瘦——这瘦很多人写过，尤其瘦的是两条胳臂，如果借用杜老的诗来形容，是'清晖玉臂寒'。像是她生命中所有的力量和血液，统统流进她稿纸的格子里去了。她的脸庞却很大，保持了胡兰成所写的'白描的牡丹花'的底子。眼睛也大，'清炯炯的，满溢着颤抖的灵魂，像是《魂归离恨天》的作者艾米莉·勃朗蒂'——这自然是她自己的句子了。她微扬着脸，穿着高领圈青莲色旗袍，斜欠身子坐在沙发上，逸兴遄飞，笑容可掬。头发是'五凤翻飞'式的，像是雪莱《西风歌》里，迎着天籁怒张着黑发的希腊女神。我们应当羡慕水晶先生的。在那个晚上，他们交谈了整整七个小时。其间，谈到了许多作品，如《半生缘》《怨女》《歇浦潮》《海上花》《倾城之恋》《第一炉香》《金瓶梅》，等等。谈到五四以来的作家，张爱玲说非常喜欢阅读沈从文的作品，当然还有张恨水。她还谈到了一些中国台湾作家，她认为中国台湾作家聚会太多，是不好的。作家还是分散一点的好，避免彼此受到妨碍。水晶是这样形容席间张爱玲的笑声的：她的笑声听来有点腻搭搭，发痴滴答，是十岁左右小女孩的那种笑声，令人完全不敢相信，她已经活过了半个世纪。水晶先生形容爱玲有一个绝妙的比喻：'我想张爱玲很像一只蝉，薄薄的纱翼虽然脆弱，身体的纤维质素却很坚实，潜伏的力量也大，而且，一飞便藏到柳荫深处。'可是，躲在深处的张爱玲却是经常'一鸣惊人'的。我们都躲不过那'震得人发聋'的巨大的声响。虽然，我们常常辨不清这声音源自何方？"

1972 年，陈世骧教授去世，张爱玲在加州柏克莱大学的职位也随之失去，好在她已经可以依靠版税度日，由于她知名度的提高，偶尔在中国港台报刊上发表的作品，也都能得到比较高的报酬，所以还不至于穷困潦倒。塞翁失马，焉知非福，这样一来，张爱玲又有了充分的自由来支配自己的生活，这对于这位骨子里并不喜约束的人来说，是怎样"复得反自然"的欣喜。就在那一年，张爱玲告别了那个让她颇为不适应的纽约，前往她曾经和赖雅去过的洛杉矶定居下来，从那时起，直到她去世都没有再离开。

洛杉矶的怡人风景让张爱玲很喜欢，她托付当时在加州柏克莱大学任教的好友庄信正代为寻找合适的公寓。庄先生是张爱玲 1966 年去印地安纳大学参加中西文学关系研讨会上认识的。庄先生那时是该大学中西比较文学研究生，两个人一见如故，谈得很是投缘，所以从那时起，张爱玲对他是很信任的，而且愿意把自己的一些私事托付给他。

对于张爱玲来说，她的要求并不高，只求简洁——买廉价而简单的家具，搬家时就不会成为累赘。经过层层的考虑和挑选，庄信正帮爱玲找到的一处公寓是在好莱坞区。据说，刚刚搬到好莱坞的公寓时，张爱玲只带了一盏她已经用惯了亮度的铜制台灯，排着三个可以转头的灯罩，每个灯泡都是二百瓦，光线非常好，这也是为了方便她的文学创作。

从这时起到她生命的末了，隐居于闹市的张爱玲，除了创作出几部新的作品之外，她所做的主要两件工作便是翻译《海上花》和对《红楼梦》的研究。之所以有如此的创作翻转，或许是因为此时的爱玲锋芒渐失，文学也不再是她标榜飞扬个性的旗帜，反而成为她生命中一种必需的素质和养分，是她力不从心却又难以割舍的一份生命情怀，供她维持孤单的晚年生活。

《海上花列传》是清末韩子云写的一部专门描写上海妓院生活的长篇小说。鲁迅认为此书是“狭邪小说”中之上品，在《中国小说史略》里称其他书“大都巧为罗织，故作已甚之辞，冀震耸世间耳目，终未有如《海上花列传》之平谈而近自然者”。胡适、刘半农就曾经重印此书，并给予极高的评价，称其为“吴语文学的第一部杰作”。张爱玲曾经自称“十三四岁第一次看《海上花》”，“许多年来无原书可温习，但也还记得很清楚”。她当初在给胡适的信中就明确指出：“我一直有一个志愿，希望将来能把《海上花》和《醒世姻缘》译成英文。”

现在，对于张爱玲来说，这或许是上天为她留存的完成这一个心愿的时候了。

张爱玲完成的另一项并不容易的工作是对《红楼梦》的考据。我们都知道，这位旷世才女是自小就熟读《红楼梦》的，并且非常喜欢这部中国古典名著。她十二三岁读石印本，看到“四美钓游鱼”，便觉“突然白色无光，百样无味起来”。由于深受《红楼梦》的影响，爱玲十四岁时就模仿《红楼梦》的笔法，写出了《摩登红楼梦》。此时对于这一部“都云作者痴，谁解其中味”的名著的研读，或许正是张爱玲心境的一次自我梳理与人生情感的回归。大家族的败落，繁华落尽后的凄凉，多么像是她曾经经历过的那一幕幕。

张爱玲晚年已经失去了早期作品中那种才气，更多的是梳理，是回顾，那么不能绕过去的便是她最后一本书《对照记》。在这里，她公开了一些非常珍贵的私人照片，通过这光影声色，让世人更清晰地看到了一个他们所未曾见过的张爱玲。在这本书中，一半是文字，一半是照片。她写道："'三搬当一烧'，我搬家的次数太多，平时也就'丢三落四'的，一累了精神涣散，越是怕丢的东西越是要丢。幸存的老照片就都收入全集内，借此保存。"

在这里，她选用了一百多幅她和家人、朋友的照片。仿佛文字和话语都伴随她的年华老去，不再意气风发，倒是那些照片，因为将历史那么深刻地凝固着，虽然静默无声，却更加真实和珍贵。这一切不难让人想象，当年在大洋彼岸，张爱玲用那双枯瘦的双手，孤独地着手整理自己的一生，对照着，回忆着。

也正是在《对照记》里，保存着她那张经典的睥睨一切似的旗袍照片，缎子做的高领短袖大襟衫，看上去柔软闪亮，人也半昂着头，眼睛朝着侧上方，"给人一种清贵桀骜的姿态"。曾经看到有人这样写道："年轻时候的爱玲也算不上漂亮，五官也不够精致，却别有一种落拓的美。大约写作的女人都不漂亮，漂亮的女人的人生定然是丰富，自然无法安心下来写字。"我总是觉得，这一句话说得对极了。

《对照记》上同时也写着这样的文字："1984 年我在洛杉矶搬家整理行李，看到这张照片上的署名与日期，刚巧整三十年，不禁自题'怅望卅秋一洒泪，萧条异代不同时'。"

这感慨流露出晚年凄凉的感受，看看那时她的文字与照片就知道，在这个女子的世界里，是有些落寞在里面的。在《对照记》所收录的照片中，有母亲、姑姑、炎樱的影像，也有不少她风华正茂时代的照片。然而，在她的生命中曾扮演着重要角色的两个男人——

胡兰成与赖雅，却并没有出现。或许她是怕自己睹物思人，或许是她想回避那伤心的过去，是的，与胡兰成那一场轰轰烈烈的爱情让她“刻骨铭心”，而那与赖雅的恋情则不免让人感叹：“夕阳无限好，只是近黄昏。”

在《对照记》的结尾，张爱玲写道：“然后时间加速，越来越快，越来越快，繁弦急管转入急管哀弦，急景凋年倒已经遥遥在望。一连串的蒙太奇，下接淡出。”或许，那个时候她写下这些句子，正是在摇椅上，望着一炉的火光，叹人世无常，叹人生易逝。

张爱玲的最后一张照片，是她在获得中国台湾《中国时报》“文学奖特别成就奖”时拍的，这也是她留给世人的最后影像。我们看到，那个时候的张爱玲已经非常的苍老，而且有一种出奇的病态的瘦，甚至让人感觉到一种森森然可怖的“死亡”的气息。似乎她是在向读者们隐隐然地透露着一个讯息：她将不久于人世了。

她避居美国的几十年里，再没有惊世的佳作问世，究竟是幸与不幸，已无法分说。身在异乡，颠沛流离，已经足够表明一些事情。正如有人说的那样，她的创作生命，从离开中国那一刻起就戛然而止了。

「 第四节 」

繁花落尽

晚年的张爱玲，蜗居于小屋子里，几乎整天不离开自己的房门，偶尔出门，也是为了购买一些日常必用品，比如咖啡、牛奶、衣架、奶油等，事先总把清单写在银行邮寄的那种小纸张上。

她似乎不愿意见人，哪怕是邻居，也并没有认识的欲望，甚至，她要在半夜三更时去楼底下拿信，因为怕别人烦扰自己。不能不说这一种过度的喜静不喜群的“精神洁癖”已经近乎病态，正如她身体日渐恶化的健康状况一样。

年轻的时候，“生命是一袭华美的袍，爬满了虱子”是她一句经典的格言，可是谁能想到这竟是一语成谶，年老后隐居于公寓里的她一直怀疑房间里是不是有虱子，一旦发现虱子就会马上搬家，久而久之，竟形成了严重的怀疑病症。

她所躲的，是一种她认为来自南美、小得肉眼几乎看不见、但生命力特别顽强的虱子。她随身携带着简易的行李，只要在栖身处发现虱子就马上离开。1991 年，她在给朋友的信中说，“每月要花两百美元买杀虫剂”，“橱柜一格一罐”。

同样可惜的是，频繁的搬家过程中，她也遗失了不少证件和手稿。

甚至有人说，张爱玲的晚年由于“躲虫”竟搬家达一百多次，不知真假。总之，此时，她对生活的要求也更加简单，添置的家具都是手提式的，睡的是行军床，唯一不可或缺的是一台电视机，因为可以帮助她打发孤单寂寥的时光。

家里也基本不生火烧饭，她常常用微波炉加热买来的速食或罐头，便可以草草打发一顿。在邻居阿妮塔的眼中，她很少出门，甚至很少言语，但是她从头至脚都散发着一种幽暗、沉寂的神秘色彩。她总是去书店和小吃店里逛逛，带着一大卷的报纸信件，或者几块胡桃派、饺子、春卷之类的小吃回来，进了屋几天就再也不见踪影。邻居好几次与她搭讪，甚至提出可以帮她买些日常用品，都被她婉言谢绝。

无奈之下，邻居阿妮塔只好观察着她的居室，吃惊地发现竟然没有家具的装点，“房间显得十分空旷，只有一台电视机、一台老式收音机，她坐在灰蓝色的地毯上看电视、听收音机、吃饭、睡觉，甚至都不用碗筷，只用一次性的纸盆代替。”这种极度自闭的生活加剧了她的健康每况愈下的程度，在今天看来，这一切无疑预示着死亡的临近。

或许张爱玲自己也早有察觉的吧，毕竟这是一个对于人世如此敏感的女子。事实也正是如此，早在 1992 年，她就为自己的离开安排好了后事。2 月 14 日，通过律师，她立下了遗嘱：1. 一切私人物品都留给在中国香港的宋淇、邝文美夫妇；2. 立刻火化遗体，不举行任何仪式，骨灰撒到任何广阔的荒野中。

对于张爱玲来说，死似乎也是一件需要用心的艺术，她并不会让自己死得太慌乱，死得不体面，她骨子里的那种超乎寻常的精神洁癖注定不允许自己死得丑陋而慌张。

《我看苏青》中曾这样记过一笔：苏青问她："你想，将来到底是不是要有一个理想的国度呢？"张爱玲说："我想也是有的。但是最快最快也要许多年。即使我们能看得见的话，也享受不到了，是下一代的世界了。"苏青叹息说："那有什么好呢？到时候已经老了。在太平的世界里，我们变得寄人篱下了吗？"

人说话大概总是需要避谶的，不知道张爱玲当时对于"下一代的世界"回答是有意或无心，竟最后变得一语成谶，这"理想的国度"在故土并没有找到，在异乡亦是没有，那么她可期待的，只是另一个世界。

那一年的 8 月，邻居阿妮塔就感到越来越少见到这个神秘的孤独的老人，偶尔碰到，也是觉得她分外虚弱，时不时还听见她清晰的咳嗽。接下来的一连好几个星期，阿妮塔发现老人门口一卷纸巾放了很久，也不见她出来收拾，安安静静地毫无声息，甚至敲门没有人应，电话也没有人接，不能不说这一切太为反常。

1995 年 9 月 8 日的中午，洛杉矶警署的官员打开了张爱玲公寓的门，出现在他们眼前的是一幅无法形容的凄凉的画面：一位瘦小、穿着赭红色旗袍的中国老太太，十分安详地躺在空旷大厅中的精美地毯上。桌子上，有一叠铺开的稿纸，有一支未合上的笔。经过检测，人们发现就在那个时候，距离她死亡已经过了六七天了。而这一切，竟是这样的静悄悄，让人毫无察觉。

对于张爱玲的离去，我总是觉得泰戈尔的那一句诗简直是为她而作：生如夏花之绚烂，死如秋叶之静美。

张爱玲走了，永远离开了这个对她而言近乎“苍凉”的世界。正如她在作品中写的：“人生是残酷的，看到我们缩小又缩小的，怯怯的愿望，我总觉得有无限的惨伤。”她的死是安静的，仿佛一颗流星，划破长空，戛然而止。自此，一个张爱玲的时代彻底结束了。

死亡，对于她来说是人生中最后做出的一个“美丽而苍凉的手势”。

她离开这个世界的日子，恰好是中国农历的中秋佳节，一个家家户户亲人团聚的日子。从年轻时便对月亮有着独特情感、写了一辈子月亮的张爱玲，不知是否明白这命运中的关联。恰恰是那象征人间圆满的满月，之于她却是充满了遗憾的叹息。“人有悲欢离合，月有阴晴圆缺，此事古难全。”而这轮亘古有之的月亮，似乎对张爱玲却比常人更加残忍。

月亮给张爱玲留下的，好在还有一场无痕的“天才梦”。它默默地照着一个“天才”女作家才华与情感共纠缠的一生——热闹与寂寞，浮华与苍凉……这个一生与月亮有着复杂故事的人。

生前对于生与死这个话题，张爱玲曾说：“要是真的自杀，死了倒也就完了，生命却是比死更可怕的，生命可以无限制地发展下去，变得更坏，更坏，比当初想象中最不堪的境界还要不堪。”所以死于她而言，大概更是一种解脱。

在《半生缘》里，张爱玲曾写道：“她一直知道的。是她说的，他们回不去了。他现在才明白为什么今天老是那么迷惘，他是跟时间在挣扎。从前最后一次见面，至少是突如其来的，没有诀别。今天从这里走出去，是永别了，清清楚楚，就跟死了的一样。”

然而，毕竟生与死是存在着如此大的差别，人活着一秒钟，就不会与死了是一样的。而往往跟时间挣扎却并不比死要容易。这样看来，不能不说死对于“再也回不去了”的张爱玲来说，真的是一种解脱。

她身后留给世人的，不仅有迷恋，有惊叹，也有一团团迷一般的故事。就在她死的时候，还留有最后创作的长篇小说《小团圆》未杀青，但是她不会在意了。彼时，她已经到了另一个“理想的国度”，在那里，她可以见到她的祖父母、父亲、母亲、姑姑，那些在尘世间并没有给她带来多少快乐的亲人。自然，还会有那让她爱一生也恨一生的胡兰成，以及晚年相濡以沫的赖雅。我实在想象不出，她们再一次相见会是怎样的一幅悲喜交集的情形。

那一年的9月19日清晨，张爱玲的遗体在洛杉矶惠捷尔市的玫瑰岗墓园火化，很冷清，正如她在世时那种不随流的风格一样。她的遗嘱执行人林式同先生完全遵照她的遗愿，没有举行任何仪式，火化时也没有亲人在场，潇洒而凄凉地结束人世的行程。

9月30日是张爱玲的生日，林式同偕同诸文友，将她的骨灰撒在太平洋中。那个一生追求爱与自由的女子，终于在太平洋中获得了自由，正所谓“一叶浮萍归大海”。

正像有人说的那样，也许，太平洋亦可称得上是人世间最荒凉的处所了，人们把一捧捧深红或纯白的玫瑰花瓣相继撒入水中。花落水流红，但愿海水有情，终有一天会把她的骨灰送回她魂牵梦萦的上海。

张爱玲 1952 年离开上海，此番魂魄归来，已时隔四十三年。

真是“生也漂泊，死也漂泊”。